NOTRE ARGENT PUBLIC, POUR MIEUX VIVRE ENSEMBLE

Finances publiques

Collection dirigée par Thierry LAMBERT

Finances publiques/Public finance
Collection dirigée par/Collection directed by Thierry LAMBERT

Les finances publiques connaissent un développement important et se diversifient. Cette discipline couvre notamment les finances de l'État, le droit public financier, le droit fiscal, les finances communautaires, les finances locales, les finances sociales, les finances internationales et comparées, les procédures fiscales ainsi que le droit douanier. Ces questions peuvent être envisagées dans un cadre national, communautaire ou mondial.

La présente collection a pour vocation de publier des travaux originaux (thèses, essais, colloques...) ou de facture plus classique (manuels, commentaires de textes, recueils de documents...).

Elle a aussi pour ambition de rééditer des ouvrages aujourd'hui introuvables, mais fort utiles, dès lors qu'ils s'imposent comme référence et qu'ils sont agrémentés d'une préface substantielle.

Public finance steadily developping and diversifying. This discipline more particulary coversstate finance, public financial law, tax law, EU finance, local finance, social finance, international and comparative finance, tax procedures and customs law. Those questions can be considered within a national community or global framework.

The aim of this collection is to publish original works (theses, essays, symposiums...) or more traditional ones (textbooks text analyses, collections of documents ...).

In addition, it is meant to re-publish books which are currently untraceable no matter how usefulprovided they stand as genuine references and contain substantial prefaces.

Déjà parus

Mohamed HARAKAT, *Finances publiques et réformes de l'État, le cas du Maroc*, 2020
Mathurin MBOUNOU-NGOPO, *La fiscalité et l'impératif de développement du Centrafrique,* 2019.
Emmanuel JOANNARD-LARDANT, *L'établissement de la preuve fiscale : essai de droit processuel*, 2019.
Dominique VILLEMOT, *Le débat fiscal : une passion française,* 2019.
Aurélie DORT, *Fiscalité et sécurité sociale, Étude de la fiscalisation des ressources de la Sécurité sociale*, 2019.
Fidèle MENGUE ME ENGOUANG, *Les finances publiques du Gabon*, 2018.
DIOUKHANÉ Abdourahmane, *Les finances locales sénégalaises*, 2018.

NOTRE ARGENT PUBLIC,
POUR MIEUX VIVRE ENSEMBLE

Finances publiques
Collection dirigée par Thierry LAMBERT

Finances publiques/Public finance
Collection dirigée par/Collection directed by Thierry LAMBERT

Les finances publiques connaissent un développement important et se diversifient. Cette discipline couvre notamment les finances de l'État, le droit public financier, le droit fiscal, les finances communautaires, les finances locales, les finances sociales, les finances internationales et comparées, les procédures fiscales ainsi que le droit douanier. Ces questions peuvent être envisagées dans un cadre national, communautaire ou mondial.

La présente collection a pour vocation de publier des travaux originaux (thèses, essais, colloques...) ou de facture plus classique (manuels, commentaires de textes, recueils de documents...).

Elle a aussi pour ambition de rééditer des ouvrages aujourd'hui introuvables, mais fort utiles, dès lors qu'ils s'imposent comme référence et qu'ils sont agrémentés d'une préface substantielle.

Public finance steadily developping and diversifying. This discipline more particulary coversstate finance, public financial law, tax law, EU finance, local finance, social finance, international and comparative finance, tax procedures and customs law. Those questions can be considered within a national community or global framework.

The aim of this collection is to publish original works (theses, essays, symposiums...) or more traditional ones (textbooks text analyses, collections of documents ...).

In addition, it is meant to re-publish books which are currently untraceable no matter how usefulprovided they stand as genuine references and contain substantial prefaces.

Déjà parus

Mohamed HARAKAT, *Finances publiques et réformes de l'État, le cas du Maroc*, 2020

Mathurin MBOUNOU-NGOPO, *La fiscalité et l'impératif de développement du Centrafrique,* 2019.

Emmanuel JOANNARD-LARDANT, *L'établissement de la preuve fiscale : essai de droit processuel*, 2019.

Dominique VILLEMOT, *Le débat fiscal : une passion française,* 2019.

Aurélie DORT, *Fiscalité et sécurité sociale, Étude de la fiscalisation des ressources de la Sécurité sociale*, 2019.

Fidèle MENGUE ME ENGOUANG, *Les finances publiques du Gabon*, 2018.

DIOUKHANÉ Abdourahmane, *Les finances locales sénégalaises*, 2018.

Vincent Drezet
Ophélie Vildey

NOTRE ARGENT PUBLIC, POUR MIEUX VIVRE ENSEMBLE

Impôts, dépense publique, service public, protection sociale : et maintenant que fait-on ?

Préface de Dominique Plihon

L'Harmattan

Ophélie Vildey est membre du syndicat national Solidaires Finances Publiques.

Vincent Drezet est ancien secrétaire général du syndicat national Solidaires Finances Publiques et membre du conseil scientifique de l'association Attac.

Tous deux sont membres de la même organisation. Ils en partagent les valeurs et les orientations. Si certaines se retrouvent naturellement dans ces pages, les analyses et positions qui figurent ici n'engagent cependant que leurs auteurs.

5-7, rue de l'École-Polytechnique – 75005 Paris
www.editions-harmattan.fr
ISBN : 978-2-343-21845-8
EAN : 9782343218458

SOMMAIRE

Préface

S'il est une question qui est devenue centrale en cette période de crises – financière, sociale, écologique, sanitaire -, c'est bien celle de l'argent public, c'est-à-dire des politiques publiques et de leur rôle. Car on sait aujourd'hui que c'est le manque de ressources publiques allouées au personnel et à l'équipement de l'hôpital public qui a conduit à la décision de confiner la population menacée par la Covid-19, causant un effondrement économique et social sans précédent et sans doute durable.

Nous avons été exposés à deux discours successifs sur l'argent public. Au cours des décennies récentes, les médias, les politiques et les économistes défenseurs de l'idéologie néolibérale dominante nous avaient asséné l'affirmation selon laquelle l'argent public occupe une place excessive dans notre économie car celui-ci est mal dépensé, voire improductif. Le mouvement des Gilets jaunes, qui s'est déclenché en 2018, avait illustré le caractère injuste des prélèvements fiscaux et la faiblesse des politiques publiques, en particulier dans le domaine de la lutte contre le réchauffement climatique. La grande crise financière de 2007-2008, et plus encore la pandémie de la Covid-19 qui s'est répandue sur la planète à partir de 2020, ont montré que l'argent public est le principal rempart pour défendre la santé, l'emploi et éviter l'effondrement de l'économie et du système financier. Ce qui a amené la plupart des commentateurs à abandonner le discours sur les dépenses et les déficits publics excessifs et à reconnaître le rôle salvateur de l'État et de l'argent public. Les autorités européennes elles-mêmes, gardiennes de l'orthodoxie budgétaire, ont dû remettre en cause leur doctrine contre-productive.

Ces visions contradictoires sur l'argent public, tantôt vilipendé, tantôt réclamé à corps et à cris, ont de quoi nous interpeller et appellent à un dépassement des analyses traditionnelles. Ce qui est précisément l'objet de cet ouvrage qui apporte une triple contribution particulièrement bienvenue.

Il propose, en premier lieu, un décryptage pédagogique des principales dimensions de l'argent public, qu'il s'agisse de la fiscalité, des services publics, sans oublier la dette publique, dont la forte progression coïncide avec l'avènement des politiques néolibérales, au début des années 1980, avec l'érosion des recettes publiques causées par la concurrence et l'évasion fiscales. Il est d'ailleurs montré en annexe, grâce à une approche historique éclairante, que les finances publiques ont joué un rôle majeur dans la construction de notre démocratie depuis la Révolution et la Déclaration des droits de l'Homme.

En second lieu, les auteurs déconstruisent les politiques néolibérales qui, depuis les années 1980, ont contribué au recul des politiques publiques, à l'affaiblissement des services publics, et notamment de l'hôpital, avec les effets tragiques sur la santé révélés à l'occasion de la pandémie de la Covid-19. L'héritage de l'État néolibéral est sans appel et apparaît clairement aujourd'hui : d'un côté, le recul de la protection sociale, des services publics et la disparition des entreprises publiques privatisées livrées à des actionnaires privés, et d'un autre côté, une transformation de la fiscalité et des aides publiques en faveur des grandes entreprises et des plus riches, sources d'inégalités croissantes.

Mais l'ouvrage de Vincent Drezet et Ophélie Vildey ne se contente pas de dresser le bilan de l'évolution récente des finances publiques dans leurs différentes dimensions ; il apporte aussi des propositions précises et argumentées pour que celles-ci jouent pleinement leur rôle face aux défis majeurs de la période actuelle. Est ainsi décrite la nécessaire réforme de la fiscalité des entreprises, à l'échelle européenne et française, qui permettrait notamment de lutter efficacement contre la concurrence et l'évasion fiscales qui sont un véritable fléau pour l'argent public à l'ère du numérique et des « Gafa ». De même, la restauration d'une fiscalité progressive des revenus et des patrimoines, à rebours de la politique macronienne, est proposée pour redonner à l'impôt son rôle redistributif, et combattre ainsi l'injustice fiscale à l'origine de la perte de légitimité de l'impôt et de l'affaiblissement du consentement à l'impôt.

Enfin, les auteurs s'attaquent à deux questions stratégiques auxquelles doit faire face la fiscalité d'aujourd'hui. D'une part, l'adaptation de la fiscalité aux défis posés par la révolution numérique, en appliquant notamment le principe d'imposition des richesses dans les pays où elles ont été créées. D'autre part, la mise en place d'une fiscalité au service de la transition écologique. La révolte légitime des Gilets jaunes a montré la nécessité d'articuler la fiscalité écologique avec l'impératif de justice sociale. Au total, à l'État néolibéral doit succéder un État social écologique.

Les réformes proposées dans la dernière partie du livre sont devenues essentielles aujourd'hui. Elles rendent l'ouvrage de Vincent Drezet et Ophélie Vildey d'une grande actualité, et permettront à celles et ceux qui le souhaitent de comprendre les grands enjeux autour de l'argent et des politiques publics dans le contexte de la crise sociale, écologique et sanitaire actuelle.

On ne peut que se rallier au double message des auteurs : il est vital pour l'avenir de notre société et de notre planète de mettre un coup d'arrêt aux politiques néolibérales dont l'objectif principal est de remplacer l'État par le marché, pour le plus grand profit des multinationales et de leurs actionnaires ; et il existe des politiques alternatives, dont les finances publiques sont un vecteur stratégique, pour bifurquer vers une société juste, solidaire et écologique. Mettre en œuvre ces politiques implique une forte mobilisation du mouvement social et citoyen dans toutes ses composantes.

Dominique Plihon

Économiste, ancien membre du Conseil d'Analyse économique et professeur émérite à l'Université Paris 13, a dirigé le pôle spécialisé en économie financière au Centre d'économie de l'université Paris-Nord. Ancien Président du Conseil scientifique et porte-parole de l'association Attac.

Introduction

Bien-être, économie de la vie, jours heureux : autant d'enjeux portant sur le sens de la vie et le vivre ensemble posés par une crise exceptionnelle, née de la Covid-19 et loin d'avoir produit ses effets à l'heure de la parution de ce livre. Dans ce contexte, l'intervention des États, avec le plan de relance en France ou encore les mesures prises au sein de l'Union européenne, montre une nouvelle fois, après les crises passées, que l'argent public joue un rôle central dans nos sociétés. Il est l'outil qui permet à une société de faire sens et de relever des défis qui apparaissent aujourd'hui immenses et même, désormais, vitaux. Outre la permanence et l'évolution des besoins sociaux et économiques (une question d'une acuité certaine en période de crise), l'humanité est en effet interrogée sur son rapport à son environnement naturel et finalement sur son avenir. C'est peu de dire que le rôle des politiques publiques demeurera essentiel.

Bien que malmenées par une trentaine d'années de politiques néolibérales qui n'ont cessé de remettre en cause leur rôle et leur place, les finances et l'action publiques montrent chaque jour leur utilité. C'est encore plus évident et visible en temps de crise. La crise du coronavirus a ainsi mis en exergue l'importance de la politique de santé, de la protection sociale et de l'action publique, tout comme la crise économique de 2007-2008 avait révélé d'une part, la nocivité de la déréglementation et de l'opacité financières et d'autre part, le rôle essentiel de la redistribution dans le soutien aux populations et aux économies. En 2020, la crise a également incité les gouvernements à engager des plans de relance et de soutien à l'activité économique au point de suspendre, pour ne pas dire balayer pour un temps indéterminé, les fameux critères qui encadrent et enserrent les politiques budgétaires européennes.

Justice fiscale et sociale, environnement, inégalités, précarité, solidarités, services publics, protection sociale : en ces temps troubles et incertains, l'heure des bilans et des défis sonne sans relâche. Dans les choix à faire pour assurer des conditions de vie décentes à toutes les populations et préserver l'environnement, l'action publique (des États, des collectivités locales ou encore de la protection sociale) sera déterminante. La fiscalité et l'argent public en seront les outils incontournables.

Si nous n'oublions pas la question de la répartition primaire des revenus et des patrimoines ni, plus globalement, celle de la répartition de la valeur ajoutée, nous nous attacherons dans ces pages à porter un regard sur les prélèvements obligatoires, la dépense publique et la redistribution, fiscale et sociale.

Dans une première partie, nous décrypterons de la manière la plus pédagogique possible les notions essentielles que sont les prélèvements obligatoires, la dépense et la dette publiques ainsi que leur contrepartie, les services publics et la protection sociale. Et cela, afin d'en mesurer le rôle, longtemps minimisé voire critiqué dans le débat public.

Dans une seconde partie, nous reviendrons sur les orientations des politiques néolibérales à l'œuvre depuis plus de trente ans. Celles-ci ont été marquées par une pression exercée sur les recettes et les dépenses publiques afin de favoriser l'extension du secteur marchand. Leur bilan est éloquent : elles ont contribué à déséquilibrer les systèmes fiscaux et ont affaibli l'action publique et la protection sociale. Tout cela sans effet positif sur l'activité économique et en alimentant les inégalités. Ce qui a nourri au surplus un sentiment d'injustice à l'origine d'une perte de confiance d'une grande partie de la population dans les institutions, l'action publique et les responsables politiques, syndicaux et associatifs.

Dans une troisième partie, nous livrerons des pistes, des orientations et des propositions faisant de la justice fiscale, sociale et environnementale l'axe majeur de l'action publique. Elles visent à réconcilier les populations avec les finances publiques, rétablir davantage de justice fiscale, intensifier le combat contre l'évasion fiscale mais aussi mieux utiliser l'argent public et contrôler son emploi. Il s'agit de donner toute sa place et son rôle à l'État social écologique dont nous appelons de nos vœux le développement. Nous ne nous limiterons pas au niveau national, car les chantiers internationaux et européens sont incontournables. Ils figurent ici en bonne place, notamment en ce qui concerne la modernisation de l'impôt sur les sociétés, indispensable à l'heure de la numérisation de l'économie, ou encore les défis européens en matière d'harmonisation fiscale et de revalorisation du budget européen. Nous reviendrons également sur les enjeux en matière de gestion publique avant d'aborder le rôle de l'État social écologique de demain.

En annexe, nous livrons un rapide panorama historique des finances publiques pour montrer en quoi celles-ci ont constamment été au cœur de nos sociétés et de leur évolution.

Au-delà du traumatisme général que la crise du coronavirus a provoqué (voire révélé, car les fragilités et injustices étaient connues), le débat sur les choix de société est engagé. Puisse ce livre y contribuer à sa façon.

- - -

Attachés au débat, nous avons souhaité nous appuyer sur de nombreux travaux mais aussi sur des entretiens menés pour nourrir ce livre avec des experts et des responsables politiques ayant en commun un intérêt marqué pour les finances publiques, de différentes sensibilités. Il était intéressant de leur donner la parole. Nous remercions sincèrement d'avoir accepté notre proposition d'être interrogés et cités ici :

Ugo Bernalicis : élu député en 2017, membre de la Commission des lois de l'Assemblée nationale, membre du groupe La France insoumise.

Eric Bocquet : ancien maire de Marquillies, sénateur depuis 2011 et Vice-président de la Commission des finances du Sénat, membre du groupe communiste républicain citoyen et écologiste.

Michel Bouvier : professeur émérite à l'université Panthéon-Sorbonne, fondateur et président de l'association pour la Fondation internationale de finances publiques (FONDAFIP), fondateur du Groupement européen de recherches en finances publiques et fondateur et directeur de la *Revue française de finances publiques*.

Émilie Cariou : élue députée en 2017 après un parcours au sein de l'administration fiscale puis en cabinet ministériel sous le quinquennat Hollande, membre de la Commission des finances de l'Assemblée nationale et fondatrice du groupe parlementaire Écologie Démocratie Solidarité.

Christian Eckert : ancien député et rapporteur général de la Commission des finances de l'Assemblée nationale de 2012 à 2014, secrétaire d'État chargé du budget et des comptes publics de 2014 à 2017.

Thierry Lambert : professeur de droit public, directeur du Centre d'études fiscales et financières de Aix-Marseille Université et Président de l'institut international des sciences fiscales (2iSF), rédacteur en chef de la « Revue européenne et internationale de droit fiscal ».

Pierre Larrouturou : économiste, ancien conseiller régional de la région Île-de-France et, depuis 2019, député européen chargé du budget européen pour la période 2021-2027. Membre du Groupe de l'Alliance Progressiste des Socialistes et Démocrates au Parlement européen.

Dominique Plihon : économiste, ancien membre du Conseil d'Analyse économique et professeur émérite à l'Université Paris 13, a dirigé le pôle spécialisé en économie financière au Centre d'économie de l'université Paris-Nord. Ancien Président du Conseil scientifique et porte-parole de l'association Attac.

Remerciements pour leur relecture attentive, précise et utile à :

Jean-Marie Harribey, économiste, maître de conférence honoraire à l'université Bordeaux IV, coprésident d'Attac de 2006 à 2009.

Christian Boulais, secrétaire général du Syndicat national unifié des impôts (SNUI) de 1998 à 2003.

Laurent Gathier, ancien secrétaire général du syndicat national Union SNUI-SUD Trésor de 2007 à 2012.

Jean-Michel Nathanson, Secrétaire national du syndicat Solidaires Finances Publiques.

Première partie

Des finances publiques pour des contreparties vitales

On ne peut plus évoquer les prélèvements obligatoires sans leurs contreparties, autrement dit ce qu'ils financent. Si le débat public opère souvent une distinction entre les recettes et les dépenses, nul ne peut ignorer ce que les recettes financent : des services et des biens dont la population bénéficie tous les jours.

I/ Des finances publiques méconnues et mal jugées

Les prélèvements obligatoires, des contributions communes

La notion de prélèvements obligatoires

Les ressources dont disposent les administrations publiques (APU) pour réaliser les dépenses publiques sont d'abord et surtout constituées des prélèvements obligatoires, qui sont le mode de financement, par excellence, de l'action publique. Les prélèvements obligatoires ne se confondent pas avec les impôts, même si la différence reste ténue pour celles et ceux qui les acquittent, d'autant que leurs catégories sont interchangeables, tout en renvoyant à des modèles différents d'organisation et de financement de l'action publique. Quatre catégories de prélèvements obligatoires coexistent et comprennent : les impôts, les cotisations sociales, les redevances pour services rendus et les droits de douane.

La notion même de prélèvement obligatoire n'est que de nature statistique et c'est quasiment son seul intérêt dans la mesure où elle permet de comparer divers pays, avec la même définition, et ainsi d'appréhender le poids des sommes prélevées par la puissance publique et leurs destinations.

Selon l'OCDE, première organisation internationale à avoir proposé leur définition, les prélèvements obligatoires se déterminent par un triple critère cumulatif :
- les flux doivent correspondre à des versements effectifs (ce qui conduit à ne pas comptabiliser les régimes de retraites directs d'employeurs ne comprenant pas de circuit effectif de cotisations, comme dans la fonction publique et certaines grandes entreprises) ;
- les destinataires des versements doivent être des administrations publiques (ce qui conduit à exclure les versements à des ordres professionnels ou à des sociétés mutualistes) ;
- le caractère obligatoire et non volontaire des versements, qui ne procède pas d'un critère juridique mais d'un *« double critère économique »*[1]. D'une part, le débiteur n'a le choix ni du montant ni des conditions du versement et, d'autre part, il n'a le droit à aucune contrepartie directe immédiate. Comme nous le verrons, il y a bien une contrepartie à ces prélèvements mais nous ne sommes pas ici en présence du prix d'un bien ou d'un service du secteur marchand.

Dans les travaux portant sur ce sujet, ces trois critères sont mis en œuvre, en France, en toute indépendance par l'INSEE, dans le cadre de la comptabilité nationale dont l'Union européenne, à travers l'agence Eurostat, normalise les conventions comptables. Et ce, malgré une incomplétude car, si les règles sont communes, les conventions restent définies au niveau national, ce qui limite l'exactitude et la précision des comparaisons internationales. Au sein de l'Union européenne, la

---

[1] Voir sur le site Fipeco la fiche, « La définition, le niveau et la répartition des prélèvements obligatoires », juin 2020.

notion de prélèvement obligatoire ne figure pas dans le système européen de comptabilité nationale (SEC 95). Les impôts et les cotisations sociales y sont cependant définis selon des critères précis et contraignants.

Une coexistence, pourquoi, pour qui et comment ?

Quatre catégories de prélèvements coexistent, obligatoires pour la plupart, sauf exception.

Les impôts sont des prestations pécuniaires mises à la charge des contribuables, personnes physiques ou morales, en fonction de leurs capacités contributives et sans contrepartie directe pour les redevables. Ils ont pour objet la couverture des dépenses publiques et/ou la réalisation d'objectifs économiques et sociaux fixés dans le cadre de l'action publique. Ajoutons la notion de taxe à cela : la logique universitaire distingue en effet les impôts, stricto sensu (qui frappent l'intégralité des contribuables) et les taxes, dont la mise en œuvre est en théorie lié au motif de taxation, sans que leur montant soit lié au coût du service rendu. Au quotidien, nul ne fait cependant la différence...

Les cotisations sociales, malgré leur caractère obligatoire, ne peuvent être assimilées à des impôts, dans la mesure où elles sont conçues et perçues au regard de leur essence que sont l'assurance et la protection sociales. Les cotisations sont une partie du revenu socialisée, permettant de financer les besoins sociaux selon un double critère : les « cotisations de retraites » des actifs financent les pensions des retraités et ouvrent des droits aux actifs cotisants afin de percevoir ultérieurement une pension après leur départ en retraite. Elles sont assises sur les revenus d'activité, les revenus de remplacement et de patrimoine étant soumis à d'autres formes de prélèvements sociaux comme la contribution sociale généralisée (CSG). Celle-ci, comme rien n'est simple, est assimilable à un impôt (affecté aux caisses de Sécurité sociale) en droit interne alors qu'elle relève au niveau européen d'une cotisation sociale.

Les redevances pour services rendus, comme notre fameuse contribution à l'audiovisuel public, sont dues quant à elles en cas d'utilisation des services et elles offrent donc bien une contrepartie directement visible, selon un principe qui les distinguent des impôts. Elles relèvent du pouvoir réglementaire et ne sont généralement pas classées en tant que telles dans les prélèvements obligatoires.

Nous en arrivons à la quatrième catégorie que sont les droits de douane, forme toute particulière d'impôt dont la fonction est de protéger le marché intérieur de l'Union européenne (ils constituent par ailleurs des ressources propres du budget de l'Union) en frappant les produits importés et parfois certains, réexportés.

Ces prélèvements ont des poids différents selon les pays et les choix de sociétés. En France, selon le projet de loi de finances 2021, ils représentaient 43,8 % en 2019 et 45,2 % du PIB pour 2020 (la crise provoquée par le coronavirus a eu des conséquences sur le PIB : celui-ci a chuté, ce qui a affecté le ratio de prélèvements sur PIB). Au sein des prélèvements obligatoires, la part de l'État représente 12,6 % en 2019 et 12,3 % en 2020, celle des collectivités locales 6,4 % en 2019 et 6,9 % en 2020, celle des organismes divers d'administration centrale 0,8 % en 2019 et 0,9 % en 2019 et celle des administrations de Sécurité sociale constitue la majorité des prélèvements obligatoires avec 24,1 % en 2019 et 24,6 % en 2020. L'Union européenne représente pour sa part 0,2 % en 2019 et 2020[2]. Tendanciellement, la part de l'État diminue (elle passera sous les 12 % de PIB en 2021, une première) et celle de la Sécurité sociale est majoritaire.

Des prélèvements pour plus d'égalité

Si pour les libéraux, les prélèvements obligatoires peuvent bloquer la croissance et brident la compétitivité en faisant peser, sur les agents économiques, un lourd tribut, ils peuvent avoir un effet inverse et positif s'ils s'accompagnent d'une meilleure redistribution des richesses, un des rôles majeurs de l'État providence. Ce qui présente l'avantage certain de rétablir des équilibres fiscaux et sociaux et de lutter contre la croissance des

[2] Source : projet de loi de finances pour 2021.

inégalités. Une politique en faveur de plus d'égalité revoit certaines équations et suppose de facto une sorte de *« sacrifice matériel pour certains »* comme le souligne Anthony B. Atkinson[3]. Et là, il faut admettre le rôle et le poids des impôts et considérer leur répartition. Cette dimension essentielle est trop rarement défendue dans le débat public.

La notion de recettes publiques

Cette notion se distingue de celle de prélèvements obligatoires par le fait qu'elle comprend, outre ceux-ci, des recettes qui correspondent à des versements considérés comme « volontaires ». C'est le cas, en ce qui concerne la loi de financement de la Sécurité sociale, de certaines taxes ou cotisations professionnelles. Les recettes publiques, entendues ici au sens large, font l'objet de travaux comparatifs par les institutions internationales (OCDE, Commission européenne)[4]. On distinguera ici les recettes fiscales des recettes sociales.

Les recettes fiscales

On distingue habituellement les recettes fiscales (qui financent notamment l'État et les collectivités territoriales) selon plusieurs critères.

Les critères économiques : on parlera alors d'impôts sur les revenus, les bénéfices, la dépense ou le capital. La distinction s'opère ici en fonction de la base de l'impôt.

Les critères techniques, liés à l'incidence et à la structure de l'impôt. Ceux-ci distinguent l'impôt direct (mis à la charge d'un contribuable identifié qui en supporte le coût, comme l'impôt sur le revenu), et l'impôt indirect qui s'applique à une opération et où celui qui paie réellement l'impôt n'est pas identifié et n'est pas celui qui le reverse (c'est le cas avec la TVA : le consommateur la paie et le commerçant la reverse à l'État). Ils distinguent aussi l'impôt progressif de l'impôt proportionnel.

---

[3] Anthony B Atkinson, *Inégalités*, Éditions du Seuil, 2016.

[4] C'est notamment sur leur périmètre que l'OCDE publie chaque année ses statistiques sur les recettes publiques.

D'autres critères sont moins connus : impôt ; de répartition, de quotité, réel, personnel, analytique, synthétique...

On peut utiliser les impôts pour dégager un rendement budgétaire, pour agir sur le niveau des inégalités de revenus et de patrimoines, voire pour agir sur les comportements.

Un impôt au taux proportionnel ne peut réduire les inégalités. Il risque même les accroître. En matière d'imposition de la consommation, les personnes pauvres consomment l'intégralité de leur revenu alors que les plus aisés en épargnent une partie d'autant plus importante que leur revenu s'élève (leur épargne pouvant, de plus, être transmise à leurs enfants). Par conséquent, plus le revenu augmente et plus leur taux effectif d'imposition sur la consommation diminue, au point d'être inférieur à celui des plus pauvres.

Un impôt progressif comme l'impôt sur le revenu permet de réduire les inégalités car il applique un taux qui s'accroît au fur et à mesure que sa base (la valeur des revenus et/ou du patrimoine) augmente. Les plus aisés supportent ainsi un taux effectif plus important que les classes moyennes, tandis que la partie de la population la moins riche ne le paie pas (plus de la moitié des foyers fiscaux), de sorte qu'après impôt, les inégalités diminuent. Si, pour les adversaires de la progressivité, la fiscalité n'a pas à réduire les inégalités et doit juste financer l'action publique, ses partisans pensent qu'au contraire, l'un de ses objectifs est de les réduire, car cela est socialement juste et économiquement pertinent. Ils s'appuient sur l'un des principes fondamentaux de la fiscalité : tenir compte des facultés des contribuables, autrement dit de demander davantage à ceux qui en ont les moyens et moins aux autres.

Enfin, l'impôt est également utilisé pour modifier les comportements ou soutenir certains secteurs, d'activité ou géographiques, avec notamment les dépenses fiscales et les régimes dérogatoires, c'est-à-dire les fameuses « niches fiscales » (crédit d'impôt, etc).

S'agissant des recettes de l'État, en 2019, une fois les crédits d'impôts déduits, le rendement net de l'impôt sur le revenu aura été de 71,7 milliards d'euros, celui de l'impôt sur les sociétés de 33,5 milliards d'euros et celui de la TVA de 129 milliards d'euros.

Les recettes fiscales auront rapporté 281,7 milliards d'euros à l'État[5]. La crise a affecté les recettes en 2020 : l'impôt sur le revenu se maintient avec 73,2 milliards d'euros mais les recettes de l'impôt sur les sociétés (32,7 milliards d'euros) et de la TVA (112 milliards d'euros) baissent sensiblement, et avec elles les recettes fiscales globales nettes (249,3 milliards d'euros).

Pour leur part, les recettes fiscales des collectivités territoriales s'élevaient en 2019 à 23,4 milliards d'euros pour la taxe d'habitation, 34,5 milliards d'euros pour la taxe foncière sur les propriétés bâties, 1 milliard d'euros pour la taxe foncière sur les propriétés non bâties, 8 milliards d'euros pour la cotisation foncière des entreprises, 18,9 milliards d'euros pour la cotisation sur la valeur ajoutée des entreprises, 7 milliards d'euros pour la taxe d'enlèvement des ordures ménagères ou encore 16,1 milliards d'euros pour les droits de mutation à titre onéreux. Avec les autres recettes non listées ici, l'ensemble des impôts et taxes perçus par les collectivités territoriales s'élevait à 152,58 milliards d'euros en 2019[6].

Quid de la fiscalité environnementale ?

Le constat dressé par la Cour des comptes[7] sur la fiscalité « écologique » française est sévère : elle représente une part modeste dans les prélèvements obligatoires (2,4 % du PIB), inférieure à celle des autres pays européens. Elle est surtout constituée de dépenses fiscales dont le suivi n'est pas, ou mal, assuré. Au surplus, certaines sont défavorables à l'environnement (en matière de taxe intérieure de consommation sur les produits énergétiques notamment). Globalement, elle est ciblée sur l'énergie : la fiscalité environnementale est composée à 83 % de taxes sur l'énergie et poursuit plutôt un objectif de rendement budgétaire.

---

[5] Loi de règlement 2019.

[6] Rapport de l'Observatoire des finances et de la gestion publique locales, *Les finances des collectivités locales en 2020*, juillet 2020.

[7] Rapport du Conseil des prélèvements obligatoires, *La fiscalité environnementale au défi de l'urgence climatique*, septembre 2019.

Les recettes sociales

Les recettes sociales sont constituées des cotisations sociales, des prélèvements proportionnels calculés sur le revenu brut d'activité, de la contribution sociale généralisée (CSG), prélevée sur l'ensemble des revenus (activité, patrimoine…) et de certains impôts affectés et/ou transférés de l'État vers les caisses de la Sécurité sociale. Le but des cotisations sociales n'est pas de réduire les inégalités au stade du prélèvement, mais d'assurer un revenu de redistribution : il s'agit d'une part du salaire qui, en étant socialisée, finance les pensions de retraite ou les indemnités chômage par exemple.

À l'origine, le système français était conçu pour assurer la population contre les risques de pertes de revenus professionnels. Il était financé par des cotisations assises sur les revenus du travail. Puis la généralisation de la couverture à toute la population s'est progressivement mise en place. Le financement a lui aussi connu de profondes évolutions avec la naissance de la CSG en 1991 et sa montée en puissance, la prise en charge par l'État d'allègements de cotisations sociales ou encore l'affectation de certains impôts aux caisses de la Sécurité sociale. Tout ceci a modifié la nature du lien entre cotisant et bénéficiaire.

La part des cotisations est ainsi passée de 80 % des recettes des branches de la Sécurité sociale en 1997 à 65 % en 2010 puis à 50 % en 2019. Symétriquement, le poids des impôts affectés n'a cessé de croître. Si la CSG occupe le premier rang des impôts affectés, d'autres impôts financent aussi les caisses de la Sécurité sociale. Une fraction de la TVA et la contribution sociale de solidarité des sociétés (C3S) y contribuent, tout comme certains impôts indirects qui poursuivent des objectifs de santé publique, telles la taxe sur les tabacs et la taxe sur les alcools. La fiscalité occupe donc une place importante dans le financement de la Sécurité sociale, qu'il s'agisse des impôts affectés ou des versements provenant du budget de l'État.

Comprendre les dépenses publiques

Sortir des malentendus...

Le credo néolibéral est de ne parler de l'action publique que sous l'angle critique de la dépense. On dit de l'État qu'il dépense « tant », de la Sécurité sociale qu'elle coûte des centaines de milliards chaque année et des collectivités territoriales qu'elles dépensent beaucoup. Mais lorsqu'il est question d'analyser l'activité d'une institution privée, il est habituel de dire qu'elle est productive : par exemple, le secteur automobile produit « tant » de milliers de véhicules par an, qui correspondent à « tant » de milliards d'euros, et emploie « tant » de salariés. À aucun moment, il n'est question ici de condamner la dépense alors que, comme dans n'importe quel type activité, le secteur privé dépense et supporte des charges (investissements, loyers, salaires...) nécessaires à son activité.

Prenons donc cet angle avec quelques exemples « publics ». Le budget de l'Éducation nationale est le premier poste de dépense de l'État[8], mais aussi la première production puisque les corps enseignant et administratif produisent de l'éducation (à l'instar des établissements d'enseignement privés). Dans l'administration également, il n'y a aucune raison de considérer le personnel des missions transverses (ressources humaines, gestion budgétaire...) comme improductif au motif qu'il s'agit d'activités publiques, alors qu'il s'agirait de fonctions supports essentielles à la production dans le cas des activités privées. De la même façon, pourquoi une infirmière sous statut de la fonction publique hospitalière serait une fonctionnaire improductive alors qu'elle serait considérée comme productive si elle travaillait dans un établissement privé ? En réalité, l'activité publique est bel et bien une production : les agents du secteur public travaillent, ils sont payés par la dépense publique. Par conséquent, celle-ci « produit ».

[8] En dehors des remboursements et dégrèvements.

Si les conventions jouent ici un rôle, c'est surtout la critique de la dépense publique édictée par une pensée dominante pour laquelle le marché est roi qui est prégnante. Une idéologie partiale et fausse au demeurant dans l'affirmation du caractère non productif de l'action publique. En effet, l'administration publique n'est pas composée de fonctionnaires improductifs et de « tire au flanc », malgré le discours trop souvent répandu. En outre, le PIB lui-même mesure les activités non marchandes qui sont essentiellement le fait des administrations publiques.

Concrètement, le ratio de dépenses publiques rapportées au PIB augmente en 2020 avec la crise sous, d'une part, l'effet des mesures prises face à l'épidémie et d'autre part, l'effet dénominateur lié à chute de l'activité économique visible dans la baisse du PIB. Il représente 64,3 % du PIB en 2020 hors crédits d'impôt, après 54 % en 2018 et en 2019.

Une administration productive

Au-delà de la paie et du travail des fonctionnaires, l'action publique constitue également une ressource directe pour de nombreuses personnes via les prestations monétaires, lesquelles nourrissent la consommation, donc le secteur privé et l'activité économique. C'est le cas, par exemple, des prestations familiales qui viennent aider le budget des familles et augmentent la demande qui s'adressera pour une large part à la production privée. Il en va de même dans la sphère publique et du bien commun. Lorsqu'une collectivité réalise un investissement public en augmentant les services des citoyens, elle fait appel à des entreprises privées (qui produisent) : en ce sens, elle soutient l'activité économique. L'importance des aides publiques directes aux entreprises, en cas de crise comme les décisions du printemps 2020 l'ont montré, mais également en temps normal, montre le rôle de l'intervention de l'action publique dans l'économie et du soutien qu'elle apporte.

Sortis de certains préceptes, nous pouvons affirmer que la dépense publique est économiquement et socialement utile et nécessaire, pour ne pas dire vitale[9]. En quoi ? Une première réponse pourrait être en matière de mieux-être voire de bien-être, et ce en agissant sur l'état de santé de la population. Considérant le PIB comme un indicateur de richesse des sociétés, il semble opportun et incontestable de prendre l'exemple de la dépense publique de santé, questionnée jusqu'à peu mais qui, au regard de la crise sanitaire, économique et sociale issue de la Covid 19, devrait légitimement obtenir plus de moyens. Car la santé est à travers les sociétés et les cultures un élément fondamental pour la qualité de vie. Tout autant que les revenus, la santé est une modalité du bien-vivre. En toute logique, cette crise devrait nourrir le débat sur d'autres indicateurs et renforcer les tenants des politiques du « bien-être », pour lesquelles l'action publique joue un rôle central.

Les études et travaux sur la santé publique montrent que la dépense publique est un facteur de l'amélioration de l'état de santé des populations. À regarder les effets de l'austérité ou de la relance, non seulement sur le PIB mais aussi sur l'état de santé, on peut dire que la relance sauve des vies quand l'austérité tue[10]. Au-delà, de nombreux travaux démontrent que les sociétés les plus inégalitaires, c'est-à-dire celles où la gouvernance est indifférente aux inégalités et/ou intervient peu (voire pas) pour les combler, sont aussi celles où l'ensemble de la population – des plus pauvres aux plus riches – connaît des conditions de vie dégradées.

Ce constat plaide pour un autre projet de société dans lequel la production publique joue un rôle central pour obtenir une meilleure santé pour tous afin de nourrir un meilleur bien-être personnel et collectif. Nous y reviendrons.

---

[9] Voir également Christophe Ramaux, *L'État social*, Éditions Mille et une nuits, 2012 et, « Il faut se méfier des discours visant à réduire la dépense publique », Le Monde, édition du 12 février 2019.

[10] À titre d'exemple, l'austérité que la Grèce a connue s'est traduite par une dégradation de la santé d'une grande partie de la population : les suicides ont augmenté de près de 35 % entre 2008 et 2013 et il est estimé que 20 % de la population s'est retrouvée dans l'incapacité d'acheter des médicaments.

II/ Déficits, dette : de quoi parle-t-on ?

Déficit et dette publics sont deux notions distinctes à ne pas confondre. Le déficit public correspond à un solde annuel négatif du budget des administrations publiques, les dépenses étant supérieures aux ressources. Il est donc annuel alors qu'une dette est une accumulation de déficits sur plusieurs années. Autrement dit, le déficit est un flux et la dette est un stock.

Les critères européens

Depuis 1974, les administrations publiques françaises affichent un déficit budgétaire annuel que les gouvernements n'ont eu de cesse de vouloir réduire. Entre 2012 et 2018, il est ainsi passé de 104 milliards d'euros à 59,6 milliards d'euros selon l'INSEE, soit une réduction de plus de 43 %.

Selon le traité de Maastricht de 1992 et le pacte de stabilité et de croissance de 1997, le déficit ne doit pas dépasser 3 % du PIB pour l'ensemble des administrations publiques et la dette ne doit pas excéder 60 % du PIB. Il existe des souplesses. En 2005, le principe d'un dépassement temporaire et exceptionnel était admis, tout comme la suspension en cas de crise de la procédure de déficit excessif prévue par le pacte. Pour respecter ces critères contraignants, depuis 2009, la France s'efforce de réduire son déficit public. En 2019, il représentait 3 % du PIB, soit le seuil fixé par les traités européens. En revanche, depuis l'essor des politiques austéritaires, la dette publique a considérablement augmenté, passant de 60 % du PIB en 1990 à 98,1 % en 2019.

Puis la crise de 2020 est survenue, entraînant une chute de l'activité économique, donc des recettes, et une hausse des dépenses. Le déficit atteindra 11,3 % du PIB en 2020 pour revenir aux alentours de 8 % du PIB en 2021, si toutefois les prévisions de croissance, jugées *« volontaristes »* par le Haut conseil des finances publiques, se vérifient. La dette publique atteint 119,8 % du PIB dans la quatrième loi de finances rectificative pour 2020. Une hausse visible dans les autres pays : elle atteindra 260 % au Japon, 205 % en Grèce et 170 % en Italie.

Les critères européens ont d'ailleurs été suspendus dès le 20 mars 2020.

Déficit et dette, quelles conséquences ?

Le traité de Maastricht a donc fixé, comme condition d'entrée dans la zone euro, une discipline budgétaire aux États signataires. Ses seuils sont devenus le critère de maîtrise des politiques budgétaires au sein de la zone euro. Une discipline que les néolibéraux expliquent au vu des déficits considérés comme excessifs et par ce qu'ils estiment être un effet d'éviction, les administrations publiques captant selon eux l'épargne au détriment du financement des entreprises privées. S'agissant des ménages et de leurs comportements, les déficits auraient ainsi pour effet de nécessiter une augmentation de la pression fiscale car, partant de cette hypothèse, ils baisseraient leur consommation, privilégiant une épargne dite de précaution et ce, au détriment de l'activité économique.

Les politiques budgétaires nationales ont fait exploser les déficits, souvent bien au delà de la règle des 3 %. De nombreux économistes critiquent ces seuils de déficits et de dette car ils nuisent aux politiques budgétaires actives. Il ressort des crises, notamment de la crise de la Covid-19, que le pacte de stabilité et de croissance et les dispositions encadrant les finances publiques des États sont difficilement soutenables et ne répondent pas à la nécessaire dynamique orientée vers la transition écologique et la réduction des inégalités.

Une France perçue comme mauvaise élève ?

Au cours de trente dernières années, la hausse des déficits publics dans les pays de l'Union européenne résulte des crises mais aussi de la concurrence fiscale et sociale qui limite la capacité des États à « lever des impôts » et à nourrir l'économie. Au-delà de la vision purement économique, il existe également en France des réponses sociologiques et démographiques qui expliquent l'augmentation croissante des dépenses publiques, notamment sociales : il en va ainsi du taux de natalité, plus élevé que dans de nombreux pays, européens et du vieillissement de la population tout comme de la prégnance, toujours forte, de la pauvreté ou des inégalités et de l'exclusion sociales.

La démographie française se traduit nécessairement par des dépenses en matière d'accueil des jeunes enfants, d'éducation, de minima sociaux, etc. Globalement, la France dépense ainsi plus pour l'éducation publique que l'Allemagne (1,2 point de PIB en plus). Or, elle doit accueillir, proportionnellement à sa population, beaucoup plus de jeunes, près de 4 millions. Or, ramené à chaque enfant, elle dépense moins que son voisin d'outre-Rhin, ce qui justifie des moyens réellement adaptés aux enjeux.

Rappelons que la dette publique correspond à l'ensemble des engagements pris, sous forme d'emprunts par l'État, les organismes et collectivités publics. De ce fait, elle évolue constamment et ce, au rythme des remboursements effectués par l'État et ses administrations et des nouveaux contrats de prêts engagés pour financer les déficits. Pour rembourser la part de sa dette arrivant à échéance, l'État emprunte de l'argent sur les marchés financiers notamment par le biais d'obligations du Trésor. L'argent nécessaire pour couvrir ces besoins est appelé le besoin de financement. En 2019, le besoin de financement de l'État a ainsi été anticipé à 130 milliards d'euros (pour financer le déficit et refinancer la dette arrivée à maturité). C'est l'Agence France Trésor (AFT) qui gère la dette de l'État.

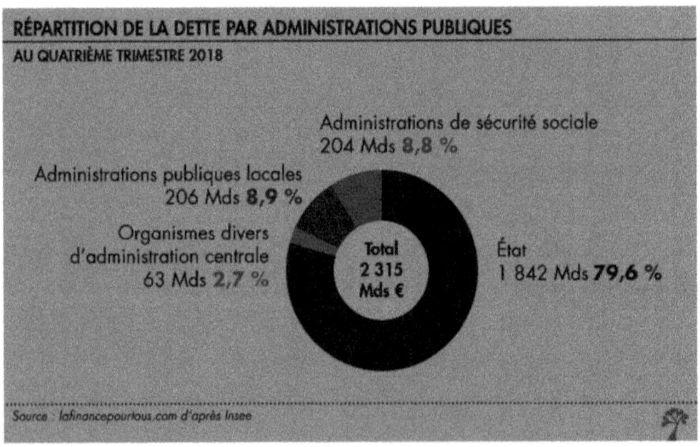

Les effets de la crise sur nos finances publiques

Les crises jouent un rôle majeur dans la dégradation des comptes publics. Face à la crise systémique de 2007-2008, financière et bancaire puis globale, et à l'effondrement des dépenses privées, les gouvernements ont favorisé d'une part, la mise en œuvre d'aides publiques gigantesques pour sauver les banques et, d'autre part, des politiques budgétaires de soutien à l'activité économique, entraînant une explosion des déficits publics. Cette situation a perduré dans plusieurs pays (comme la Grèce et l'Italie) où la croissance, longtemps faible, n'a pas permis une reprise de l'activité, ce qui a sacrifié son service public et sa politique sociale faute de ressources et d'aides suffisantes, y compris en provenance de l'Europe. Les conséquences de la crise sanitaire de 2020 modifient la donne, au point de suspendre (sans doute temporairement) les critères européens et d'envisager une dette commune.

Une dette... publique, et donc ?

À la différence des acteurs privés, les acteurs publics ne financent pas leur dette par un crédit bancaire mais par l'émission de titres financiers, de nature obligataire, sur les marchés. Le financement de la dette publique oblige l'État à émettre des titres de créances négociables sur les marchés financiers et ce, pour une durée variable, en négociant des Bons du Trésor à taux fixe (BTF) et des Bons du Trésor à intérêt annuel (BTAN), des titres à court terme exprimés en semaines ou mois. Le financement à plus long terme se fait au moyen des Obligations Assimilables du Trésor (OAT) dont les échéances peuvent dépasser dix ans.

La détention de la dette publique...

Selon l'Agence France Trésor (AFT), avant la crise de 2020, les plus gros détenteurs de la dette sont à 54 % des non-résidents, tous titres de créances négociables confondus (BTF, BTAN, OAT) émis par l'État. Une part en hausse sensible depuis la mise en œuvre des politiques austéritaires (en 1993, seul un tiers de la dette publique française était détenu par des non-résidents), mais en baisse par rapport à 2009 (67 %). Cette part est composée d'investisseurs institutionnels (fonds de pensions et fonds d'assurance notamment), mais aussi de fonds d'investissements souverains, de banques, voire de fonds spéculatifs. Elle diminue avec le rachat de titres par la Banque centrale européenne et l'émission d'une dette communautaire.

Les particuliers que nous sommes sont aussi des détenteurs indirects de la dette publique dans la mesure où l'État emprunte aux banques et aux sociétés financières et que 18 % de la dette publique est détenue par des compagnies d'assurance, lesquelles achètent des titres pour les placer dans des fonds d'assurance-vie. Les données sur la détention de la dette publique mériteraient cependant d'être plus détaillées. Pour Christian Eckert, *« la question de la monnaie et des cours internationaux, mais aussi de la détention de la dette, est essentielle. Avec la titrisation, il devient difficile d'avoir des données précises. On a des données "macro", sans plus de précision*[11] *»*.

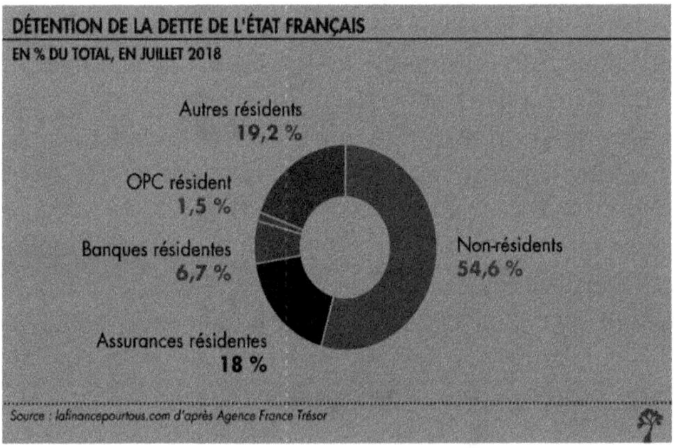

[11] Entretien avec les auteurs.

III/ L'action publique au quotidien, c'est quoi au juste ?

Si tout citoyen interrogé sur ce que sont les missions de l'action publique mentionnerait probablement le secteur éducatif, l'action publique est infiniment plus large et bénéficie à tous au quotidien. Nous marchons sur des trottoirs, nous bénéficions de l'éclairage dans la rue le soir venu, des policiers et des gendarmes assurent la sécurité, nous roulons sur des routes entretenues, nous empruntons des transports publics, nous pouvons aller aux urgences en cas de besoin, voire faire venir les pompiers dans certains cas graves, nous pouvons nous rendre dans un musée ou un théâtre subventionné, nous bénéficions d'un conseil pour déclarer nos revenus, etc. Tel est le service public au quotidien. Par ailleurs, chacun perçoit une pension de retraite, bénéficie de remboursements des dépenses de santé et peut, le cas échéant, « toucher le chômage » (selon l'expression consacrée) ou se voir verser des allocations familiales, voire des aides plus ciblées ou encore des minima sociaux. Tel est le système de protection sociale au quotidien. Nous revenons ici sur le rôle et l'importance de cet ensemble que l'on nomme « État providence » ou « action publique ».

Les services publics « hors marché » pour vivre ensemble

Invoquer le service public fait appel à l'histoire et, pour la France, à l'évolution de l'État ou de la puissance et de l'intervention publiques. Concédons-le, définir précisément le service public est plus complexe qu'il n'y paraît. Il s'agit d'une notion qui englobe tout à la fois des fonctions régaliennes classiques de l'État (défense, justice, police…), la fourniture de services collectifs (santé, éducation…), les infrastructures et les services de réseaux (postes, télécommunications, transport, énergie…) ou encore les services rendus par les collectivités locales (ordures, eau, voirie). La justification des services publics est multiple : permettre de financer des investissements sur le long terme, garantir la prise en charge de besoins de la population de manière pérenne (des biens publics) ou encore corriger les défaillances du marché.

Pour Emmanuel Brillet ; *« complexe (et riche), cette notion l'est aussi parce qu'elle s'est développée historiquement autour d'une doctrine cohérente (...) qui identifie intérêt public et puissance publique, et confie donc de préférence tant la conduite que la régulation des activités précédemment énumérées à l'État, et à lui seul »* [12]. Renaud Denoix de Saint Marc se veut pragmatique : *«On peut, de façon très générale, définir les services publics comme des missions assurées par une personne morale de droit public ou sous son contrôle en vue de la satisfaction d'un besoin collectif »*[13].

Le service public est le résultat d'une construction historique sociale, politique et juridique. Il s'agit de servir et de garantir l'intérêt général et de permettre à toute la population de voir certains de ses besoins être pris en charge. Pour cela, le Conseil d'État et le Conseil constitutionnel consacrent les grands principes d'égalité devant le service public, de continuité et d'adaptabilité du service public. Des principes auxquels se sont ajoutés la neutralité de l'agent public et la laïcité. Concrètement, la gratuité ou la quasi-gratuité apparente (on ne paie pas chaque « prestation » isolément) vient du mode de financement socialisé des services publics par l'impôt voire, dans certains cas, par une redevance (le prix payé par les usagers étant alors inférieur au prix de revient de ces services).

La vie des services publics n'est pas un long fleuve tranquille. Depuis les années 1980, de nombreux États ont mené des politiques de privatisations dites de libéralisation pour ouvrir à la concurrence des activités relevant du secteur public. Il en fut ainsi des télécommunications, un secteur d'ailleurs peu concurrentiel puisque partagé entre quelques grandes entreprises. En outre, se

---

[12] Emmanuel Brillet, « Quel avenir pour les services publics en Europe ? », in *revue L'économie politique*, n° 24, octobre 2004.

[13] Renaud Denoix de Saint Marc, *L'État*, PUF, collection Que sais-je ?, 8e édition, 2017.

sont développés les partenariats « public-privé » et des concessions, qui ont fait intervenir le secteur marchand dans des activités assumées par l'action publique. Récemment, le gouvernement a engagé une remise en cause de la fonction publique, développant le recrutement par contrat au détriment des recrutements statutaires. Or, ceux-ci présentent des garanties puisque les fonctionnaires doivent respecter les conditions de leur statut là où le développement des contrats se traduit par davantage de précarité.

Tous les pays n'ont pas la même approche des services publics, tandis que les thèses néolibérales exercent une pression visant à les ouvrir à la concurrence, voire à en privatiser des pans entiers. L'Union européenne a tenté d'établir une distinction entre les secteurs devant être ouverts à la concurrence et les autres. Pour elle, les services d'intérêt économique général (SIEG) sont soumis aux règles du marché intérieur et de la concurrence (notamment en ce qui concerne l'abus de position dominante et les aides d'État) car ils relèvent du secteur marchand. En revanche, les services d'intérêt général (SIG) ne sont pas soumis aux règles de la concurrence. Le traité de Lisbonne de 2007, entré en vigueur en 2009, consacre aussi la notion de service social d'intérêt général (SSIG), des services à la personne prenant en charge les besoins vitaux et offrant assistance aux plus vulnérables.

Cette distinction a versé dans le domaine concurrentiel les activités qui relèvent, selon le droit et la jurisprudence de l'Union, des SIEG (France Telecom devenu Orange, Air France, GDF séparé d'EDF). Avec un bilan mitigé : *« les principaux instruments de réforme menées au sein de l'UE (privatisation, démantèlement des opérateurs historiques, ouverture à la concurrence) ont eu des effets modestes et, de surcroît, pas toujours positifs sur le prix des besoins essentiels »*[14]. De manière générale, le coût des services publics n'obéit pas aux règles du secteur marchand. Il est socialisé et assuré notamment par

---

[14] Gilles Jeannot et Olivier Coutard, *Revenir au service public ?*, La Documentation française, collection Doc en poche, 2015.

l'impôt. Et c'est heureux, car c'est ce qui permet à toute la population d'en bénéficier quelle que soit sa situation personnelle, financière ou géographique.

Encore une fois, l'éducation est un bon exemple pour illustrer l'utilité sociale et économique des services publics. Un système éducatif public permet à chacun d'y avoir accès, de se former et d'augmenter ses chances d'avoir un emploi décent. Si l'éducation ne relevait que du secteur marchand, son coût ne serait plus supporté par l'ensemble de la population mais uniquement pas ses utilisateurs, autrement dit par les familles voire, pour les études supérieures, par l'étudiant lui-même. Il faudrait alors débourser 7 600 euros par an pour scolariser son enfant à l'école primaire, 10 600 euros pour l'enseignement secondaire et plus de 14 000 euros pour le lycée et les études supérieures[15]. On imagine sans peine qu'il serait impossible à une majorité de familles d'envoyer leurs enfants suivre des études, ce qui nuirait à l'activité économique puisque la « main-d'œuvre » serait moins bien formée. En outre, de nombreuses familles s'endetteraient : leurs dettes risqueraient d'être titrisées (ce qui nourrirait la spéculation avec les conséquences que la crise de 2007-2008 a montrées), elles diminueraient leur consommation et vivraient dans de moins bonnes conditions. L'impact social et économique serait désastreux.

Permettre à toute la population d'avoir accès aux missions et aux activités des services publics favorise l'activité économique et la réduction des inégalités, sociales et économiques. Pour l'INSEE, *« les services publics de santé, éducation et logement contribuent deux fois plus que les transferts monétaires à la réduction des inégalités de niveau de vie »*[16]. Un constat déjà dressé par l'OCDE qui constatait que *« les études appliquant cette approche à l'enseignement obligatoire ont en général*

---

15 OCDE, *Regard sur l'éducation 2019*, Les indicateurs de l'OCDE.
16 INSEE, *France portait social*, édition 2008.

révélé des réductions sensibles des inégalités dans la distribution des ressources économiques »[17].

Conformément au préambule de la Constitution du 7 octobre 1946 : *« la Nation assure à l'individu et à la famille les conditions nécessaires à leur développement ».* Les services publics garantissent à tous l'accès à des biens et des besoins qui, même s'ils sont en voie d'affaiblissement sous l'effet des coupes budgétaires, offrent malgré tout des infrastructures publiques, une sécurité, un système éducatif, etc.

La protection sociale pour toutes et tous

La protection sociale se définit comme un ensemble de mécanismes, publics et privés, mettant en œuvre un système de prévoyance collective et de solidarité sociale, permettant de couvrir les risques que les ménages peuvent subir. Dans son acceptation la plus large, elle couvre les interventions de l'État, des collectivités locales et des organismes à but non lucratif, les différentes branches du système de Sécurité sociale, les organismes complémentaires ou encore les mécanismes mis en œuvre au sein de l'entreprise. Quant au terme État providence, souvent utilisé, il se définit comme l'ensemble des interventions économiques et sociales de l'État, notamment en matière de protection sociale. Nous nous intéresserons plus particulièrement ici au rôle de l'État et de la Sécurité sociale en matière de protection sociale.

En France et dans plusieurs pays, les systèmes de protection sociale se sont construits progressivement au 19e et au 20e siècle. Créée en 1945 immédiatement après la Seconde Guerre mondiale sur des principes d'assurance sociale, la Sécurité sociale avait pour objectif de garantir la protection sociale aux salariés et à leurs familles. Le principe est le suivant : chacun contribue selon ses moyens et reçoit selon ses besoins. Peu importe que l'on soit

---

[17] François Marical, Marco Mira d'Ercole, Gerlinde Verbist, « Services assurés par les pouvoirs publics et distribution de ressources économiques des ménages », Revue économique de l'OCDE, n° 44, 2008.

riche ou pauvre, le principe d'une solidarité collective bénéficie à l'ensemble de la population, même si différents régimes subsistent.

Progressivement, le système d'assurance sociale, l'État et les collectivités locales ont pris leur part à la couverture sociale. Le système français de protection sociale conjugue tout à la fois des dimensions d'assistance et d'assurance sociales. On ne peut désormais plus réduire ce modèle à celui d'une assurance sociale où seuls les cotisants pourraient bénéficier de prestations sociales. Et s'agissant du financement, il ne repose plus seulement sur les cotisations assises sur les revenus du travail, mais également sur des prélèvements sur les revenus du capital et de remplacement, ce qui confère au système de protection sociale une dimension plus universelle.

Financée par des recettes sociales qui représentent dans leur ensemble la majorité des prélèvements obligatoires, la protection sociale verse des prestations selon les objectifs qui lui sont assignés. Cette redistribution prend diverses formes : pensions de retraite, remboursements de dépenses de santé, minima sociaux, allocations chômage, allocation personnalisée au logement, prime d'activité, allocations familiales, allocation adulte handicapé, allocation rentrée scolaire, prestation d'accueil du jeune enfant, etc. Des transferts sociaux que chacun connaît.

L'ensemble de la population, quelle que soit sa situation, bénéficie de cette redistribution sociale, même si une part est ciblée sur les ménages les plus pauvres sous la forme de minima sociaux et de prestations versées sous conditions de ressources, ce qui permet de réduire la pauvreté et les inégalités.

À titre d'exemple, en 2016 :

- en France métropolitaine, le taux de pauvreté monétaire s'établissait à 14 % de la population mais elle se serait élevée à 22,2 % sans ces transferts sociaux et fiscaux[18],
- 81 % de la masse totale des minima sociaux et 78 % de la masse des allocations logement, des transferts versés sous

[18] DREES, *minima sociaux et prestations sociales*, édition 2019.

condition de ressources, ont été distribués aux 20 % des personnes les plus modestes.

- plus largement, les prestations sociales représentaient 77 % du revenu des 10 % des ménages les plus pauvres (dont le niveau de vie s'élevait à 9 100 euros en moyenne).

- et pour les 10 % les plus riches (dont le niveau de vie moyen s'élève à 56 200 euros en moyenne contre 23 900 euros en moyenne pour l'ensemble de la population), elles en représentaient tout de même 25 %.

Enfin, la crise de 2020 a montré le rôle essentiel de mécanismes de type « chômage partiel » pour éviter qu'une trop grande partie de la population ne se trouve sans emploi et sans revenu et plonge plus profondément dans la précarité et la pauvreté.

L'écart dans les niveaux de prélèvements obligatoires et de dépenses publiques entre pays s'explique aisément, si ce n'est exclusivement, par l'importance des dépenses sociales en France. Tout comme en matière de financement des services publics, les pays où elles sont moins élevées présentent un niveau de prélèvements et de dépenses privées plus important qu'en France. Pour schématiser, disons que « plus de public » implique « moins de privé », et vice versa. Illustrons ceci par quelques chiffres[19]. En 2019, en France, les dépenses sociales publiques représentent 31 % du PIB contre 20,6 % au Royaume-Uni, 18,7 % aux États-Unis et 16,1 % aux Pays-Bas. Inversement, les dépenses privées sociales représentent 3,6 % en France contre 6,4 % au Royaume-Uni, 12,6 % aux États-Unis et 13,5 % aux Pays-Bas. Le niveau élevé des dépenses sociales privées s'explique ; aux États-Unis par l'importance des systèmes d'assurance maladie et de retraite privés et, aux Pays-Bas, par l'existence de fonds de pension professionnels privés de retraite. En Allemagne, les salariés du secteur privé les plus aisés et les fonctionnaires peuvent se désaffilier du régime de base d'assurance maladie publique au profit d'une assurance privée individuelle. Les exemples de ce type sont nombreux.

Par ailleurs, la France collecte des prélèvements pour les reverser alors que certains pays procèdent différemment, en

[19] OCDE, *Dépenses sociales*, année 2017.

instaurant des crédits d'impôts par exemple. Ce faisant, ils renoncent à des recettes (ce qui fait baisser leur niveau de prélèvements obligatoires) mais opèrent moins de transferts monétaires. L'organisme européen Eurostat montre le poids des crédits d'impôt à vocation sociale dans le total des dépenses de protection sociale, avec des écarts éclairants. En 2014, au Royaume-Uni, avec l'*universal credit (*substitut du *working tax credit* et du *child tax credit)*, 6 % des dépenses de protection sociale sont servies sous forme d'aide fiscale. En Allemagne, cette part est de 5,1 % mais elle n'est que de 0,5 % en France.

En moyenne, l'ensemble des transferts sociaux représente plus du tiers du revenu global des ménages en France. Il s'agit là d'une indication claire que toute la population bénéficie de la redistribution sociale monétaire. Celle-ci répond tout à la fois aux objectifs de solidarité et de redistribution. Elle ne joue pas seulement un rôle social, mais remplit aussi une fonction économique, en soutenant la demande de consommation. Elle a notamment permis d'amortir le choc de la crise de 2007-2008 pour les ménages les plus pauvres, très exposés à la précarité. Les prélèvements ne disparaissent donc pas dans un trou noir : ils sont réinjectés dans le circuit économique par une dépense publique qui constitue pour sa part, directement ou indirectement, un revenu.

L'action publique : une richesse collective

L'action publique de l'État, des collectivités locales et de la protection sociale est une richesse enviée par de nombreux pays. En France, la dépense publique est importante, elle finance des biens publics non marchands (éducation, santé, recherche, sécurité, défense, etc). Contrairement à ce qu'avance le discours néolibéral qui voit dans tout ce qui relève de l'action publique une charge insupportable, la production non marchande (grâce à la dépense publique) contribue à la richesse nationale au même titre que la production marchande. Elle est, avec la consommation, la formation brute de capital fixe et les exportations, une des composantes du PIB. Baisser la dépense publique impacte donc négativement le PIB.

Avec la fiscalité, le coût des services publics et de la protection sociale est réparti sur tous les agents économiques (même ceux qui ne résident pas sur le territoire national mais y passent paient de la TVA sur leurs achats ou la taxe de séjour). À la différence du prix d'un bien ou d'un service du secteur marchand qui n'est supporté que par son acheteur, ce coût est socialisé, selon différentes modalités en fonction des choix fiscaux et des objectifs assignés à la fiscalité. Mais l'État et le système de protection sociale ne faisant pas de bénéfice, le service public est « facturé à prix coûtant » en quelque sorte.

Prétendre que la dépense publique financée par les prélèvements obligatoires est une charge pour l'économie qui ampute le pouvoir d'achat reviendrait à dire que ce que nous consommons (aliments, électroménager, etc.) est une charge pour notre pouvoir d'achat puisque nous le payons. Les deux approches sont absurdes. La distinction entre « public » et « privé » procède simplement d'un de choix de société. Et prétendre que les salariés du secteur public ne sont pas productifs, voire nuisent à l'économie, est parfaitement faux[20].

Au-delà, par la redistribution qu'elles opèrent avec les transferts sociaux et les services qu'elles financent, les finances publiques jouent un rôle majeur : *« les actions et les investissements publics répondent en effet à des problématiques bien plus larges : attractivité, cohésion, équité, bien-être, autant d'aspects clés qui ne peuvent bien sûr être mesurés à partir d'une statistique de PIB »*[21]. Dans la réduction des inégalités, la fiscalité n'est pas assez efficace du fait de la faiblesse des impôts directs (notamment des impôts progressifs). Ce sont surtout les

---

[20] Jean-Marie Harribey, « Économie politique de la démarchandisation de la société » in *revue Actuel Marx* n°44, 2008 et « Les dépenses publiques, trop ou pas assez ? » in Manuel indocile des sciences sociales, Éditions La Découverte, 2019.

[21] Conjoncture – l'expertise du fonds d'épargne, « L'investissement public, quel rôle économique ? » in 2e partie, Note de la Caisse des dépôts et consignation N° 46, 2014.

services publics et la protection sociale qui permettent de les réduire significativement, à tout le moins d'en freiner la hausse.

En outre, à la différence du secteur marchand, l'État peut envisager le long terme. Le rôle économique de la dépense publique, en particulier de l'investissement public, a longtemps été négligé, voire contesté, par la théorie économique dominante. Or, il est essentiel, notamment en matière de bien-être social mais aussi d'attractivité du territoire. Pour le mesurer, il suffit de songer aux infrastructures de réseaux (transports, internet très haut débit), aux dépenses d'éducation, de recherche et développement ou encore aux investissements dans l'énergie renouvelable et l'économie circulaire.

La crise de la Covid-19 a montré avec une rare intensité dramatique que, si davantage de moyens financiers avaient été alloués au secteur de la santé, celui-ci aurait connu une tension moins forte. La réduction du nombre de lits en hôpital a montré que la pression budgétaire avait fragilisé le secteur de la santé. De manière générale, entre les besoins préexistants et l'apparition de nouveaux besoins, sociaux et environnementaux, l'État providence a un « *bel avenir* »[22]. Si toutefois les choix de société le permettent.

IV/ Les solidarités internationales

L'aide au développement (APD), nécessaire mais insuffisante

La philosophie de l'aide publique au développement fait écho au plan Marshall d'après-guerre en Europe. La réflexion sur le développement repose sur la prépondérance de l'aide internationale, mettant en exergue les investissements pour soutenir la croissance et donc les nécessaires apports de financements extérieurs. En effet, l'épargne dans les pays en

[22] Éloi Laurent, *Le bel avenir de l'État providence*, Éditions Les Liens qui Libèrent, 2014.

cours de développement s'avère insuffisante pour financer les investissements au niveau attendu. Les pays aidants considèrent qu'ils ont tout intérêt à ce que les pays bénéficiaires se développent et deviennent dès lors des partenaires économiques plus intéressants. Pour beaucoup de responsables, ce qui a réussi en Europe est transposable ailleurs, notamment en Afrique.

À ces préoccupations politiques et économiques s'ajoute une dimension morale : les pays riches du Nord ont le devoir d'aider les pays pauvres du Sud. Et ce d'autant plus que le concept d'aide au développement est né dans les années 50 alors que s'engageait le mouvement de décolonisation.

Néanmoins, certaines voix mettent en doute l'efficacité de cette politique par son manque de critères objectivés. Sans écho fondamental au début des années 2000 et l'adoption par l'Assemblée générale des Nations unies des Objectifs du Millénaire pour le développement (OMD), la première Conférence internationale sur le financement du développement, qui s'est tenue en 2002, insistait sur l'objectif assigné aux pays développés de consacrer 0,70 % de leur revenu national brut aux pays en développement.

Pour tenter d'améliorer l'efficacité de l'aide, les donateurs adoptent en 2003 la déclaration de Paris, qui définit cinq principes :

- L'appropriation : les pays partenaires exercent une réelle maîtrise sur leurs politiques et stratégies de développement et assurent la coordination de l'action à l'appui du développement.
- L'alignement : les donateurs font reposer l'ensemble de leur soutien sur les stratégies nationales de développement, les institutions et les procédures des pays partenaires.
- L'harmonisation : les actions des donateurs sont mieux harmonisées et plus transparentes, elles permettent une plus grande efficacité collective.
- La gestion axée sur les résultats : la gestion des ressources et l'amélioration des processus de décision doivent permettre d'obtenir des résultats.

• La responsabilité mutuelle : les donateurs et les pays partenaires sont responsables des résultats obtenus en matière de développement.

Ces prescriptions restent pourtant en l'état et l'absence de concertation en matière de politique d'aide au développement accentue leur inefficacité. Le ratio de l'APD stagnait ainsi autour de 0,30 % dans les années 2000/2010. Cette politique reste déclinée en fonction des moyens qui lui sont consacrés plutôt qu'en fonction des résultats obtenus. Chaque année, à la sortie du projet de loi de finances (PLF), nous pouvons évaluer la mobilisation et l'utilisation des moyens alloués à l'APD. Cet outil permet de réduire durablement les inégalités, la pauvreté et d'atténuer leurs conséquences.

Le développement et la solidarité sont au cœur de la politique internationale. Lors de sa campagne présidentielle, Emmanuel Macron a fait de cet axe une priorité. Il prévoyait d'augmenter l'aide publique au développement pour atteindre le niveau « historique » de 0,55 % du revenu national brut en 2022, (15 milliards d'euros), sachant que les préconisations de l'ONU tirent vers 0,7 % du RNB (un seuil réaffirmé depuis 1970 !). Un effet d'annonce à n'en pas douter dans la mesure où l'aide publique au développement n'a représenté que 0,43 % en 2017 et 2018, après une baisse constante depuis 2010[23].

Il existe plusieurs approches sur l'adaptation du volume de l'aide au développement.

La première approche basée sur le rapport de Jeffrey Sachs[24] s'appuie sur les besoins des bénéficiaires. Sur la base des objectifs du Millénaire, on peut construire des estimations des financements, qui révèlent la nécessité d'accroître très significativement les flux d'aide publique.

La seconde, basée sur la « capacité d'absorption » des pays bénéficiaires, consiste en de nouveaux financements Cette

---

[23] Selon l'Agence française du développement, la France a consacré 10,3 milliards d'euros à l'aide au développement en 2018.

[24] Jeffrey Sachs, *Investir dans le développement : plan pratique pour réaliser les objectifs de Millénaire pour le développement*, 2005.

démarche, prenant de facto en compte la réalité des pays et leurs difficultés inhérentes aux stratégies d'appropriation des aides, conduit à une plus grande réserve sur la possibilité d'utiliser efficacement de nouveaux et importants volumes d'aide. En effet, la capacité d'absorption est difficilement mesurable, elle renvoie à la qualité des politiques et des institutions gérant les ressources issues de l'APD, ainsi qu'aux projets mis en œuvre. Un autre aspect du débat relève de l'impact macroéconomique de l'aide dans la mesure où l'afflux de ressources externes dans un pays peut engendrer une hausse des coûts internes et conduire à une surévaluation réelle du taux de change, pénalisant la compétitivité du pays et ses exportations.

Cependant, ces deux approches ne sont pas antagonistes mais plutôt complémentaires au regard des nécessités de renforcer les solidarités, alors même que les velléités de corriger les défaillances de marché sont des arguments pour augmenter le volume d'aide publique au développement bien au-dessus des niveaux actuels. Il reste que cette aide doit être réfléchie dans un cadre « objectifs/résultats » et par une analyse-risque, notamment macroéconomique, de baisse de compétitivité qui réoriente les utilisations de l'aide vers le développement des importations et le financement de capacités d'exportations.

Le budget de l'Union européenne

À quoi sert le budget de l'Union européenne ?

Le budget de l'Union européenne est né de la construction de l'Union. Il est un point d'équilibre entre différentes visions de l'intégration européenne, différentes attitudes à l'égard des finances publiques et différents intérêts des États membres. À toutes les étapes de la construction européenne, le budget a joué un rôle de facilitateur, favorisant l'acceptabilité d'une vraie coopération comme celle que fondent, notamment, le marché unique, la monnaie unique ou les élargissements de l'Union.

Le budget européen est empreint d'inertie : on se retrouve avec l'addition de priorités, les unes ne se substituant malheureusement pas aux autres, et il devient difficile de mettre en exergue de quelconques avantages. Dès lors qu'ils passent les dépenses au crible de critères objectifs (valeur ajoutée, subsidiarité, additionnalité, proportionnalité), les travaux académiques concluent fort à propos à une nécessaire réforme de la structure d'un budget dominé par deux grandes politiques, la politique agricole commune (PAC) et la politique de cohésion, qui représentaient à elles deux plus de 70 % des crédits inscrits dans le budget de l'Union européenne pour 2019. La rigidité de sa structure et son faible volume (en moyenne 1 % du revenu national brut -RNB- de l'Union européenne) ne permettent pas au budget européen de remplir les trois fonctions (allocation, distribution et stabilisation) traditionnellement dévolues à un budget public.

La négociation du cadre financier pluriannuel pour la période 2021-2027 devait offrir à l'Union européenne une opportunité de s'interroger sur les moyens à allouer à chaque priorité politique au regard de défis majeurs.

- Les besoins de croissance et de création d'emplois sont importants, les effets de la crise Covid ayant fortement accentué les attentes.
- Les attentats terroristes (et les politiques sécuritaires) font peser une menace constante sur nos sociétés.
- L'Europe est contrainte par des crises internationales majeures ayant des conséquences sur son territoire, notamment en termes de migration.
- Les engagements pris à Paris en 2015 pour lutter contre les changements climatiques appellent une action vigoureuse.

Il s'agissait donc de déterminer quelles priorités et quels objectifs assigner aux politiques européennes. Et ce, sans risquer une guerre ouverte entre les États enclins à limiter leur contribution au financement du budget européen (les contributeurs nets) et ceux qui veulent voir exploser leurs retours sur investissements au titre des politiques et programmes mis en œuvre par l'Union européenne sur leur territoire (les bénéficiaires nets).

Quelles propositions de la Commission européenne pour le cadre financier 2021-2027 ?

La négociation du cadre financier a constitué une équation complexe à résoudre. Trois grandes questions ont structuré le débat entre États membres et avec le Parlement européen : quel doit être le montant du budget européen ? Quel doit être l'équilibre entre les politiques traditionnelles et les nouvelles priorités ? Comment financer le budget européen ?

Le 2 mai 2018, la Commission européenne a adopté sa proposition pour le cadre financier pluriannuel de l'Union européenne pour la période 2021-2027 :

- Le plafond en crédits d'engagement s'établit à 1 135 milliards d'euros, en hausse de 4,8 % par rapport à la programmation 2014-2020.
- La PAC et la politique de cohésion subissent une érosion sensible, respectivement de 15 et 10 %, pour ne plus représenter que 57,7 % des dépenses de l'Union européenne à 27.
- Ce double mouvement permet à la Commission de proposer des augmentations substantielles en faveur de priorités identifiées à plusieurs reprises par les chefs d'État ou de gouvernement, comme la recherche, l'innovation et le numérique, la jeunesse, l'environnement et la lutte contre le changement climatique, les migrations et la gestion des frontières, ou encore la sécurité et la défense.

Cette proposition, qui souhaitait respecter certains équilibres, était une base de négociation entre les acteurs que sont : le Parlement européen et le Conseil, les contributeurs nets et les bénéficiaires nets, les amis de la PAC, ceux de la cohésion et ceux de la compétitivité, le Nord et le Sud ou encore l'Est et l'Ouest de l'Europe. Les critiques sont d'ailleurs venues de toutes parts, ce qui a incité la Commission à considérer que sa proposition constituait le centre de gravité de la négociation. Puis la crise du coronavirus a nécessité d'autres choix.

En juillet 2020, le Conseil européen a validé un mécanisme financier européen : le budget pluriannuel 2021-2027 devait s'élever à 1 074,3 milliards d'euros, auquel s'ajoute un plan de relance exceptionnel de 750 milliards d'euros, baptisé Next Generation EU, financé par un emprunt au nom de l'Union européenne, ce qui est une première (décomposé ainsi : 390 milliards versés aux États membres sous forme de transferts, et 360 milliards sous forme de prêts). Le plafond des ressources propres a été relevé à 1,8 % du revenu national brut de l'ensemble des États membres. Les députés européens ont cependant demandé une rallonge de 100 milliards puis de 39 milliards d'euros et ont finalement obtenu 16 milliards d'euros à l'automne 2020. Ils viendront alimenter un budget de 1074 milliards pour la période 2021-2027, un budget inférieur à celui de la période 2014-2020, même en tenant compte du brexit qui n'explique pas à lui seul ce recul.

Notons enfin qu'un nouvel outil européen voit le jour en 2021 : l'instrument budgétaire de convergence et de compétitivité (IBCC), un outil budgétaire propre à la zone euro destiné à financer des réformes structurelles et des investissements publics, mais rattaché au budget de l'Union européenne. Ses orientations seront fixées par le sommet de la zone euro et l'Eurogroupe, la Commission étant chargée de le gérer. L'objectif est de favoriser la compétitivité et la convergence et de renforcer la coordination économique au sein de ses membres. Il est prévu pour être mis en œuvre en même temps que le budget 2021-2027 de l'Union. Le Parlement européen et la Cour des comptes européenne auront un rôle à jouer et au plan national, les parlements nationaux débattront des projets présentés dans le cadre de l'IBCC.

Quelle gouvernance fiscale et financière internationale ?

On entend par « gouvernance » un ensemble de concepts et de mécanismes de régulation discutés et mis en œuvre au niveau international dans plusieurs domaines : commerce international, coopération fiscale, règles financières, budgétaires ou anti-blanchiment, etc. Cette gouvernance est le fruit de discussions menées entre États aux intérêts parfois concurrents, ce qui explique la longueur des négociations et, bien souvent, la faible portée des décisions prises.

Disons-le d'emblée, la gouvernance fiscale et financière internationale est multiple. Elle prend la forme d'un édifice fragile et complexe dans lequel prennent place des institutions internationales aux périmètres et aux rôles différents (les institutions de l'Union européenne, l'Organisation de coopération et de développement économique -OCDE-, le Fonds monétaire international, la Banque mondiale, le comité de Bâle, le Groupement d'action financière, etc). En réalité, elle a surtout été marquée par la libéralisation et la déréglementation financières, la liberté et la rapidité des échanges de capitaux, de biens et de services (favorisés par l'ouverture croissante des économies) et par la concurrence fiscale et sociale.

La crise de 2007-2008 aura montré à quel point l'absence de règle était génératrice d'instabilités mais aussi de fraudes. Parmi les initiatives prises depuis, comme la création du Conseil de stabilité financière ou les nouveaux standards fixés dans le cadre des accords de Bâle, le domaine de la fiscalité a été souvent au cœur de l'actualité. Il faut dire que la réaction des populations face à la multiplication des affaires d'évasions et de fraudes fiscales aura poussé les États et les institutions à agir.

La gouvernance fiscale internationale a été marquée par la montée en puissance du rôle de l'OCDE, mandaté par le G20. Si les déclarations des responsables politiques lors du sommet du G20 à Londres au printemps 2009 semblaient bien volontaristes quant à la prochain fin des paradis fiscaux au regard des petits pas réalisés alors, il n'en demeure pas moins que ces petits pas ont constitué une nouveauté au regard de ce qui préexistait. Jusque là, l'OCDE se contentait en effet de publier des listes noires de territoires non coopératifs qui s'étaient progressivement vidées au point que début 2009, la liste des territoires non coopératifs du Comité des affaires fiscales de l'OCDE était vide. Pour en sortir, un territoire devait alors s'engager à coopérer : nombreux ont été ceux qui ont pris cet engagement sans pour autant le respecter.

Depuis 2010, l'OCDE, à travers le Forum mondial sur la transparence et l'échange de renseignements à des fins fiscales, assure la mise en œuvre des standards en matière de transparence. Ceci a permis de mettre en œuvre l'échange de renseignements bancaires. Une procédure prévoit un mécanisme d'examen par les pairs, par lequel les pays s'évaluent entre eux. En 2016, a été introduite la notion de bénéficiaires « effectifs » des entités et des comptes bancaires pour tenter de mettre fin aux sociétés-écrans. Enfin, en 2017 et 2018, une centaine de pays ont adopté le standard sur l'échange automatique de renseignements des comptes financiers : cette norme prévoit une transmission automatique et annuelle des informations sur les comptes financiers des non-résidents entre les administrations fiscales des pays concernés. Selon l'OCDE, ces dispositions auraient permis de faire diminuer les dépôts bancaires dans les centres financiers internationaux de 20 à 25 % en 10 ans.

L'OCDE a vu plus large : lancé en 2013, et chantier d'ampleur s'il en est, le plan « BEPS » (*Base Erosion and Profit Shifting)* comporte 15 mesures élaborées par l'OCDE, mandatée par le G20. Elles visent les grands groupes qui exploitent les failles des systèmes juridiques nationaux afin de réduire drastiquement leur impôt, à l'instar des géants du numérique. L'OCDE estime que le coût de ces pratiques représente a minima 100 à 240 milliards de dollars de pertes fiscales par an pour les États. Ces mesures ont été présentées aux ministres des finances du G20 à la fin de l'année 2015. Factuellement, ce plan BEPS constitue une avancée en matière de fiscalité internationale. Pour autant, les intérêts diplomatiques et économiques divergent voire s'opposent, les grands États cherchant à préserver leurs intérêts voire à protéger les territoires non coopératifs qui leurs sont associés. Les discussions sont longues, notamment sur la fiscalité du numérique. Or les stratégies d'évitement de l'impôt poursuivent leur sophistication et leur complexification.

Pour assurer un avancement collectif des travaux, un Cadre inclusif de l'OCDE et du G20 sur le BEPS et ses 129 pays membres a été institué. Environ 80 pays ont mis en place une obligation pour les entreprises multinationales de fournir aux autorités fiscales une « déclaration pays-par-pays » et une convention multilatérale a été signée par près de 90 pays, ce qui a pour effet de modifier leurs traités fiscaux bilatéraux et de permettre une mise en œuvre coordonnée de certaines mesures BEPS (c'est le cas en matière d'échange de renseignements). En 2019, le Cadre inclusif de l'OCDE et du G20 sur le BEPS a adopté un programme articulé sur des propositions réparties en deux piliers prévoyant de modifier les règles répartissant le droit d'imposer ainsi que les règles d'allocation des profits, et la mise en place de règles permettant d'imposer des revenus transférés vers un autre pays où ils sont peu ou pas imposés.

Partant de peu, la gouvernance fiscale internationale a été poussé par les gouvernements, eux-mêmes poussés par leurs population, afin d'identifier les chantiers fiscaux les plus sensibles pour circonscrire l'évitement de l'impôt. Mais, malgré cela, le retard sur l'ingénierie, l'optimisation agressive ou encore l'évasion et la fraude fiscales reste important. Les discussions ont ainsi traîné en longueur sur la modernisation de la fiscalité nécessaire pour s'adapter à la numérisation de l'économie, à la diversité et la complexité des manipulations de prix de transfert ou aux pratiques agressives issues d'une concurrence fiscale toujours vive. La baisse de l'impôt sur les sociétés que celle-ci génère allant même jusqu'à poser la question de la pérennité de cet impôt si le mouvement devait se poursuivre. En matière de gouvernance internationale tournée vers davantage de justice fiscale, l'essentiel reste à faire.

Deuxième partie
La fiscalité et l'action publique malmenées

I/ Une trajectoire néolibérale dans l'impasse

La concurrence fiscale et sociale, marque de ces trente dernières années

La concurrence fiscale et sociale organise une compétition entre les États, leurs services publics et leurs systèmes de protection sociale, mais aussi entre les travailleurs, les droits sociaux et les conditions de travail. Son objectif théorique est d'attirer les investisseurs, de mieux gérer l'argent public, d'améliorer la compétitivité des entreprises et d'attirer ou de retenir des richesses, des investisseurs ou encore des résidents aisés. En théorie toujours, elle permet de créer des richesses qui ruisselleront sur l'ensemble des agents économiques. Mais en pratique, dans un environnement mondial au sein duquel il est facile de se déplacer et de déplacer les richesses, la concurrence fiscale bénéficie principalement, pour ne pas dire exclusivement, aux agents économiques les plus aisés (riches particuliers, grandes entreprises) qui sont des agents économiques mobiles. Les autres, moins mobiles voire immobiles (la quasi-totalité des ménages et les PME), en subissent les conséquences.

Au sein de l'Union européenne, 27 systèmes fiscaux cohabitent et se font concurrence. La fixation des taux d'imposition et la perception des impôts relèvent certes des gouvernements nationaux. Mais l'Union européenne garantit la libre circulation des biens, des services et des capitaux au sein du marché unique, l'absence de disposition (de type aide publique) qui fausserait la concurrence et l'absence de discrimination envers les ressortissants de l'Union européenne (consommateurs, travailleurs ou entreprises). Ces principes influencent les politiques fiscales et la jurisprudence européenne. En conséquence, la fiscalité directe relève de la compétence exclusive des États membres (sous condition de respecter les principes énoncés ci-dessus) tandis que la fiscalité indirecte obéit à des règles européennes puisqu'elle touche au fonctionnement du marché unique. L'Union européenne coordonne ainsi la législation touchant à la taxe sur la valeur ajoutée (TVA) et aux droits d'accises. Mais en l'absence d'harmonisation fiscale, malgré l'instauration du Marché unique en 1993 et de l'Union monétaire en 1999, c'est de fait la concurrence fiscale qui structure les choix fiscaux des États membres. Et la coordination fiscale européenne s'y adapte.

Cela était prévisible. Dès 1999, le Sénat estimait que *« l'adoption de la monnaie unique prive les gouvernements du contrôle de la politique monétaire et de change qui étaient deux instruments majeurs d'ajustement économique via leurs effets supposés sur la compétitivité. Dans ces conditions, la fiscalité reste le seul instrument directement accessible aux gouvernements ».* S'inquiétant des effets de la concurrence fiscale, le rapport précisait par ailleurs que *« l'atténuation qui en résulterait de la souveraineté réelle des États-membres, (la) perte de capacité à financer les fonctions collectives par assèchement des recettes publiques, (le) risque de voir les systèmes fiscaux nationaux se déformer aux dépens des bases économiques les moins mobiles ».* Il ajoute même : *« cette compétition fiscale, en faussant les prix et les coûts (...) peut favoriser le développement artificiel d'activités économiquement non justifiées au détriment de projets qui, eux, le seraient »25.*

---

[25] Rapport d'information de la Commission des finances du Sénat sur *la concurrence fiscale en Europe*, juillet 1999.

La concurrence fiscale déforme le partage des richesses en accroissant les inégalités de revenus et de patrimoines en opérant un transfert de la fiscalité sur les ménages, elle paupérise l'action publique et la protection sociale. Elle exerce également une pression sur les salaires, sur les droits sociaux et par conséquent sur les conditions de vie. Les États sont engagés dans une course des impôts directs vers le bas (baisses de taux, suppression des impôts sur la fortune, création de régimes dérogatoires) dont profite une minorité d'agents économiques qui peut se déplacer ou déplacer ses richesses. Ces « bases mobiles » voient leur charge fiscale se réduire, ce qui leur procure un revenu supplémentaire, lequel viendra gonfler leur patrimoine, ce dernier procurant à son tour des revenus supplémentaires, etc. Elles sont les grandes gagnantes de cette compétition qui favorise également les pratiques agressives permises par des régimes dérogatoires, des conventions fiscales parfois arrangeantes (certaines permettent de n'être imposé nulle part), des rescrits (rulings) généreux et les « paradis fiscaux » (la forme la plus extrême de la concurrence fiscale).

Les bases immobiles demeurent pour leur part des contribuables captifs des choix fiscaux et subissent les effets de la concurrence fiscale : paupérisation de l'action publique et de la protection sociale, hausse des prélèvements compensant la baisse intervenue au profit des « bases mobiles » ou encore politiques de rigueur. Concrètement, la concurrence fiscale se traduit par un alourdissement de la fiscalité des ménages via la hausse des impôts sur la consommation (comme la TVA) ou la hausse des impôts locaux sur fond de transferts de compétences de l'État vers les collectivités locales.

Concernant les particuliers, la baisse de la progressivité de l'impôt sur le revenu et de l'imposition du patrimoine des plus aisés ont été les mesures les plus marquantes, même si des mesures symboliques ont été mises en œuvre avec, en France, la contribution temporaire sur les hauts revenus ou la création d'une tranche du barème de l'impôt sur le revenu à 45 %. Dans la plupart des pays, la progressivité de l'impôt sur le revenu s'est affaiblie et les impôts sur la fortune ont été supprimés. Mais c'est surtout l'impôt sur les sociétés dont les taux nominaux chutent qui est le plus sensible à la concurrence fiscale.

La baisse spectaculaire du taux de l'IS en courbes

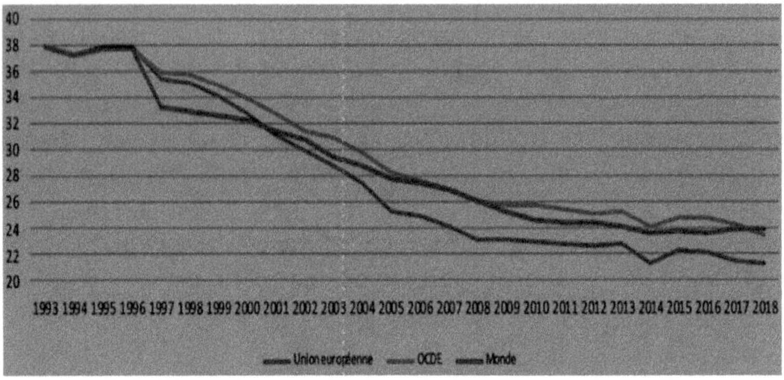

Source: rapport du Conseil des prélèvements obligatoires, *Adapter l'impôt sur les sociétés à une économie ouverte*, 2016.

La concurrence fiscale ne produit pas les effets théoriquement vantés et escomptés par ses promoteurs : *« si l'on regarde maintenant les stocks d'investissements extérieurs (une mesure de notre attractivité sur le long terme), la France est (...) la cinquième derrière les États-Unis, le Royaume-Uni, le Canada et l'Allemagne si l'on retire les transactions fictives enregistrées dans les paradis fiscaux que sont l'Irlande, les Pays-Bas et la Suisse »*[26].

Car l'attractivité d'un pays n'est pas seulement fiscale, elle est globale. En réalité, elle procède également de la quantité et la qualité des « facteurs publics », financés par les prélèvements obligatoires : système éducatif et de formation permettant une bonne qualification de la main d'œuvre, système de santé

[26] Christian Chavagneux, « *Le mauvais pari de la concurrence fiscale* », 27 novembre 2017, site du mensuel Alternatives économiques.

efficace, infrastructures publiques (transports, etc.), redistribution monétaire soutenant la demande, etc. En matière de dynamisme économique, la dépense publique et l'investissement public jouent donc un rôle important.

La conception néolibérale de la fiscalité et de la gestion publique

Lorsque la guerre froide s'achève, en étant présentée comme la victoire des pays capitalistes, au point que certaines voix parlent de *« fin de l'histoire »*[27], l'idéologie néolibérale se diffuse largement. Ronald Reagan et Margaret Thatcher sont alors ses deux principaux protagonistes. Ils s'appuient sur le rejet du keynésianisme et mènent une attaque résolue contre l'action publique et les impôts, notamment les impôts directs, arguant que « trop d'impôt tue l'impôt ». Un thème illustré et popularisé par la courbe de Laffer.

Arthur Laffer était un ardent partisan de la baisse des impôts. Il faut dire qu'il fut conseiller de Ronald Reagan, ce qui le situe clairement sur le plan idéologique. Selon l'histoire qui fit sa légende, il aurait dessiné sur la nappe d'un restaurant sa célèbre courbe en forme de U inversé lors d'un dîner organisé en décembre 1974, dîner auquel participaient Donald Rumsfeld (alors Directeur de cabinet du président Gerald Ford) et Dick Cheney (adjoint de Rumsfeld) dans un restaurant français de Washington. On mesure à la sensibilité idéologique des participants que la courbe les aura inspirés. Sur le fond, Arthur Laffer n'a fait qu'illustrer la thèse développée par Adam Smith en 1776 pour qui *« l'impôt peut entraver l'industrie du peuple »* ou encore par Jean-Baptiste Say qui estimait en 1803, dans son traité d'économie politique, que *« un impôt exagéré détruit la base sur laquelle il porte »*. Sa courbe incarne à elle seule la théorie libérale bien connue selon laquelle au-delà d'un certain taux d'imposition (jamais chiffré), le rendement de l'impôt diminuerait.

---

[27] Francis Fukuyama, *« The End of History ? »*, in *National Interest*,1989.

Les tenants de cette idéologie préconisent de diminuer les prélèvements obligatoires pour favoriser l'activité économique, faute de quoi elle serait freinée puisque les agents économiques seraient incités à se délocaliser. Dit sans nuance, les impôts (et les prélèvements sociaux) tueraient la croissance, rien de moins. Depuis une quarantaine d'années, cette approche oriente à des degrés divers les politiques fiscales de nombreux pays sur fond d'intense concurrence fiscale et sociale. Avec son pendant libéral, « la théorie du ruissellement », elle a constitué en quelque sorte l'alpha et l'oméga des politiques fiscales menées dès les années 1980 par Reagan et Thatcher et poursuivies par tant d'autres (y compris en France par le gouvernement d'Emmanuel Macron).

Aux États-Unis, la réforme fiscale de 1981 (baptisée ERTA Recovery Tax of 1981) a ainsi initié un mouvement historique de baisse de l'impôt fédéral sur le revenu des personnes physiques. L'objectif était de réduire les taux d'imposition progressivement : 5 % la première année, 10 % en 1982, 19 % en 1983 et 23 % en 1984. Une autre mesure viendra réduire de 70 % à 50 % le taux marginal d'imposition des tranches des plus hauts revenus. Pour ces derniers, c'est le jackpot : *« les 5 % des ménages aux revenus les plus élevés sont très largement bénéficiaires, les 5 % des ménages ayant les revenus les plus bas ont été touchés de plein fouet»*[28]. En 1986, Ronald Reagan a décidé d'une nouvelle baisse générale de l'impôt sur le revenu et de l'impôt sur les sociétés. Le taux marginal de l'impôt sur le revenu a été ramené de 50 à 28 % tandis que le taux le plus faible a été porté de 11 à 14 %. Diverses exemptions ont été supprimées et le seuil d'exonération a été rehaussé. Par ailleurs, le taux nominal de l'impôt sur les sociétés est passé de 46 % à 34 %. Mais depuis, le ruissellement qui devait bénéficier à tous les agents économiques se fait toujours attendre. En revanche, les inégalités ont fortement augmenté : entre 1980 et 2016, la part du revenu national perçue

[28] Jean-Michel Saussois : « Impact de la politique fiscale de l'administration Reagan sur les classes moyennes, 1981-1984 », *Revue Française d'Études Américaines* n° 47, février 1991.

par les 10 % des américains les plus riches est passée de 34 à 47 %[29].

En Grande-Bretagne, les gouvernements conservateurs n'ont pas été en reste. Entre 1979 et 1996, l'impôt sur le revenu des personnes physiques a vu une diminution de ses taux : le taux marginal supérieur est passé de 98 % dans certains cas à 40 % tandis que le taux de l'impôt sur les bénéfices des sociétés est passé de 52 % en 1984 à 35 % puis à 33 % en 1991-1992.

Partout, la tendance est nette. Selon l'OCDE, le taux nominal de IS s'affaisse dans la plupart des États : *« entre 2000 et 2018, le taux légal moyen pour l'ensemble des juridictions dont le taux de l'IS n'est pas nul a baissé de 31.7 % à 24.0 % »*[30]. Les États ont parfois voulu neutraliser en partie la baisse des taux par un élargissement de la base imposable, tout en multipliant les dispositifs dérogatoires, de sorte que, depuis 1990, dans la plupart des pays de l'OCDE, le poids de l'IS oscille en moyenne entre 2,5 et 2,9 % du produit intérieur brut alors que les bénéfices des sociétés ont connu une forte croissance dans la période. Autrement dit, les recettes de l'IS auraient été plus importantes si la concurrence sur les taux et les incitations fiscales n'avait pas été aussi intense. À l'instar des États-Unis et de la Grande-Bretagne, l'impôt sur le revenu a été également frappé. Depuis les années 1980, le taux le plus élevé du barème progressif s'est effondré dans la plupart des pays. Il est passé de 65 à 45 % en France, de 72 à 50 % en Belgique, de 62 à 43 % en Italie, de 66 à 45 % en Espagne et de 53 à 45 % en Allemagne. Cet affaissement général a mécaniquement profité aux ménages concernés par ces taux, c'est-à-dire les plus aisés.

Les impôts directs sont donc les grands perdants des politiques fiscales de ces dernières années. La France a même connu un coup d'accélérateur dans les mesures de la loi de finances pour 2018 avec la baisse du taux nominal de l'impôt sur

[29] Facundo Alvaredo, Thomas Piketty, Gabriel Zucman, Emmanuel Saez (coordination), *Rapport sur les inégalités mondiales,* Éditions Seuil, 2018.
[30] OCDE, *Statistiques sur l'impôt sur les sociétés*, édition 2019.

les sociétés, prévu pour passer de 33,3 à 25 % en 2022, l'imposition des revenus financiers et des plus-values financières au taux proportionnel avec le prélèvement forfaitaire unique et la suppression de l'impôt de solidarité sur la fortune (ISF) qui imposait notamment les titres financiers, remplacé par le très symbolique impôt sur la fortune immobilière (IFI). Ces mesures ont occasionné des pertes budgétaires qui manquent aux services publics et nourrissent également les inégalités.

La TVA a connu une évolution inverse. Depuis son introduction, son taux normal est ainsi passé de 11 % à 19 % en Allemagne, de 8 % à 20 % au Royaume-Uni ou encore de 12 % à 22 % en Italie. Or, si la TVA est particulièrement rentable puisqu'elle procure aux États membres de l'Union européenne peu ou prou la moitié de leurs recettes fiscales, elle présente l'inconvénient majeur d'être régressive, autrement dit de peser proportionnellement plus lourdement sur le budget des ménages pauvres que sur celui des plus riches. Dans un rapport consacré à la TVA, le Conseil des prélèvements obligatoires estimait que : *« Un ménage situé dans le premier décile de niveau de vie consacre ainsi à la TVA une proportion de son revenu disponible deux à trois fois plus élevée que ne le fait un ménage appartenant au dernier décile »*[31]. Le rapport montre ainsi que, tous taux de TVA confondus, le taux d'effort des ménages s'élevait à 12,5 % pour les 10 % des ménages les plus pauvres et seulement à 4,7 % pour les 10 % des ménages les plus riches.

La plupart des États suivent le même mouvement d'affaiblissement de la progressivité des systèmes fiscaux et de baisse des impôts directs (notamment l'impôt sur le revenu et l'impôt sur les sociétés). Avec pour contrepartie la hausse des prélèvements sur la consommation, réputés plus injustes, et une dégradation de l'action publique et de la protection sociale. Ce transfert de charge fiscale est l'une des caractéristiques majeures de la concurrence fiscale. Aucun État n'en tire un avantage

---

[31] Béatrice Boutchenik, *La taxe sur la valeur ajoutée. Les effets redistributifs de la taxe sur la valeur ajoutée*, Conseil des prélèvements obligatoires, rapport particulier n° 2, avril 2015

déterminant. Si une minorité d'agents économiques en bénéficie, de manière globale, il s'agit d'un jeu à somme négative puisque les États mettent leurs finances publiques, leurs services publics et leurs systèmes sociaux sous pression et peinent à prendre en charge les besoins de la population. En France, sous l'impact des mouvements de décentralisation, ces baisses ont également été compensées par la hausse des impôts locaux.

Sous la pression de la population, d'autres mesures ont été prises. Elles ont consisté notamment à instaurer une contribution sur les plus hauts revenus, à alléger l'impôt sur le revenu des revenus les plus faibles et à programmer la suppression progressive de la taxe d'habitation (même si les 15 % les plus pauvres, déjà exonérés, n'ont pas bénéficié de cette mesure). Mais compte tenu des orientations fiscales mises en œuvre de longue date, elles n'ont pas amélioré la progressivité globale du système fiscal pour autant. Plus de 16 millions de foyers fiscaux (les non imposables, les plus pauvres, n'ont pas été concernés) ont bénéficié de la baisse de la première tranche de l'impôt sur le revenu, mais pour un bénéfice individuel faible. Inversement, la contribution sociale généralisée (CSG), au taux proportionnel, a vu son rendement s'accroître de 26 % entre 2017 et 2018.

Pour leur part, depuis 2012, les foyers fiscaux aux revenus très élevés paient certes la Contribution exceptionnelle sur les hauts revenus (CEHR) qui s'ajoute à l'IR[32]. Mais elle est peu rentable : 630 millions d'euros en 2012, 522 en 2013, 369 millions en 2014 et 236 millions en 2015. De manière générale, malgré quelques ajustements, la baisse continue des impôts directs et le poids accru des impôts indirects ont bel et bien affaibli le caractère redistributif du système fiscal.

La gestion des finances publiques, autrement dit de l'État et des collectivités locales, est, elle aussi, sous la pression

[32] Elle s'applique si le revenu fiscal de référence dépasse 250 000 euros pour les célibataires, veufs, séparés ou divorcés et 500 000 euros pour les mariés, pacsés ou soumis à une imposition commune.

néolibérale de réduire la place de l'action publique. Au sein de l'Union européenne, l'encadrement des politiques budgétaires et la limitation des marges de manœuvre des États en constitue une traduction. Mais l'objectif est également de modifier la façon dont l'argent public et l'action publique sont gérés en s'inspirant des modèles de gestion des entreprises : c'est ainsi que le « nouveau management public » s'est largement imposé.

Particulièrement visible en France depuis les années 2000 avec, notamment, le vote en 2001 et l'entrée en vigueur en 2006 de la loi organique relative aux lois de finances (LOLF), ce mouvement est en réalité plus ancien, il date des années 1970, période de montée en puissance des thèses néolibérales. Pour Michel Bouvier, *« dès la fin des années 1970 ont été proposés et dans certains cas expérimentés des instruments de gestion adaptés de ceux des entreprises. On pense ici aux plans de trésorerie, à l'analyse financière, à la comptabilité et même à la consolidation des comptes. Des auteurs, comme Jean Bouinot*[33] *ou Jacques Couarieu*[34]*, en développaient les principes dans des ouvrages parus il y a quarante et un ans. En réalité, sans que l'on en prenne immédiatement conscience, une nouvelle ère de la gestion publique était en train de s'ouvrir, celle d'une nouvelle gouvernance financière locale voire même celle d'une nouvelle gouvernance financière publique s'efforçant de marier la culture de l'entreprise privée et celle des administrations publiques »*[35].

Cette dynamique se traduit par des mutations profondes dans la gestion, la gouvernance et la comptabilité publiques, etc. Concrètement, dans les services publics, les indicateurs, les objectifs et la gestion statistique se sont imposés, créant un réel malaise au sein des agents publics qui ont vu la nature même de leurs métiers et de leurs missions, altérée, la quantité et la statistique prenant finalement le pas sur la qualité et l'efficacité

---

[33] Jean Bouinot, *La nouvelle gestion municipale, comptabilité et management d'une commune*, Éditions Cujas, 1977.

[34] Jacques Couarieu, *La gestion financière de votre commune,* Éditions du Moniteur, 1977.

[35] Entretien avec les auteurs.

réelle. Pour Michel Bouvier, *« à la logique juridique, régissant la responsabilité et les fonctions du comptable, s'est adjointe une logique managériale qui, depuis qu'elle a été introduite, poursuit son chemin en intégrant progressivement de nouveau outils au sein de la gestion financière locale »*.

II/ Quel bilan ?

Inégalités et sentiment d'injustice : la réaction des populations

Le principe de la légalité fiscale est issu de celui du consentement à l'impôt exprimé dans un décret du 13 juin 1789 édictant que toutes les contributions existantes devenaient illégales et nulles en l'absence de consentement. Dès lors, aucune levée d'impôt ne peut s'effectuer sans avoir été préalablement décidée par l'assemblée représentative des citoyens. Ce même décret fondera l'article 14 de la Déclaration des droits de l'homme et du citoyen du 27 août 1789 : *« Tous les citoyens ont le droit de constater, par eux-mêmes ou par leurs représentants, la nécessité de la contribution publique, de la consentir librement, d'en suivre l'emploi, et d'en déterminer la quotité, l'assiette, le recouvrement et la durée »*.

Existe un partage du pouvoir fiscal avec d'autres représentants élus des citoyens. Les collectivités territoriales disposent, en France, d'un pouvoir fiscal, puisque dotées de la capacité de lever des impôts ou des taxes facultatifs et de fixer les taux d'imposition des quatre grands impôts directs locaux, sans pour autant créer, modifier ni supprimer un impôt. C'est le cas des quatre impôts directs locaux : taxe d'habitation, taxes foncières (propriétés bâties et non bâties) et cotisation foncière des entreprises. Ainsi donc, le principe de légalité de l'impôt, fondamental, est très éprouvé, tout comme son application.

Des faiblesses

Elles sont d'abord liées à la fonction du Parlement de légiférer et à l'émancipation du pouvoir réglementaire. Ce sont ajoutées de nouvelles contraintes issues du droit communautaire et de ses restrictions en matière fiscale.

Le principe de légalité de l'impôt subit des limites de la part de l'administration fiscale, quand cette dernière met en œuvre les textes, par pléthore de notes et circulaires au regard de la généralité de la loi. De plus, vu sa technicité, la loi fiscale est souvent votée par le Parlement sans que ce dernier n'y formule des préconisations. De fait, la loi s'avère bien souvent être celle découlant des propositions du gouvernement, lequel oriente forcément la fiscalité selon ses desseins. C'est bien cela qui interroge actuellement au regard du regain des inégalités et de l'effondrement du consentement à l'impôt constaté ces dernières années.

Des fissures dans le consentement à l'impôt se sont révélées après la crise de 2007-2008 dans bon nombre de pays, et singulièrement en France. Ainsi, en 2013, l'État a dû faire face à des mouvements (avec les « bonnets rouges », un mouvement contre l'écotaxe) rappelant les émeutes fiscales que l'on croyait disparues. Sous ses effets, le ministre des Finances qui venait de rehausser les prélèvements obligatoires de près de 3 points de PIB a évoqué un *« ras-le-bol fiscal »*[36]. En réalité, il s'agissait surtout d'un « ras-le-bol » des injustices fiscales et sociales. La remise en cause du consentement à l'impôt est liée à ce faux-semblant de l'égalité par l'impôt, la reconstitution des privilèges et enfin le fait de l'époque vécue globalement comme subie avec les effets de la crise, l'éloignement et le recul des services publics, la stagnation voire la baisse du pouvoir d'achat…

[36] En août 2013, le Ministre de l'économie Pierre Moscovici déclarait « Je suis très sensible à ce ras-le-bol fiscal que je ressens de la part de nos concitoyens ».

Quel civisme fiscal aujourd'hui ?

Le principe de consentement du citoyen, essentiel, se rompt et ploie sous des politiques fiscales ressenties comme injustes et illisibles dans lesquelles prolifèrent niches et autres dépenses fiscales qui rompent les équilibres fiscaux. Ce système dénote une forme d'impuissance politique, d'un contexte où l'État est de plus en plus démuni de ses moyens.

À titre d'exemple, la multiplication des dépenses fiscales et des régimes dérogatoires (dénommées « niches fiscales », elles constituent des baisses d'impôt ciblées sur leurs bénéficiaires) pose la question de la nature et de la fonction de l'impôt. On en dénombre 475 pour un coût de 85,9 milliards d'euros dans la loi de finances pour 2021. La question est de savoir si la fonction d'outil de politique publique de l'impôt efface sa fonction constitutionnelle énoncée dans la Déclaration des droits de l'homme et du citoyen de 1789. Au-delà d'un certain seuil, les dépenses fiscales déséquilibrent cet édifice, elles rétablissent nombre de privilèges et d'inégalités, elles font perdre à l'impôt son fondement de ressource pour « l'administration commune » en demandant davantage à ceux qui ne bénéficient pas de ces dispositions. Par essence, la dépense fiscale est vue comme un privilège. Or, tout privilège des uns est un impôt indu pour les autres. Surtout si son efficacité (en matière de soutien à un secteur ou une politique) n'est pas démontrée.

Mais les niches fiscales ne sont pas les seuls outils de reconstitution des privilèges. On assiste également à une évolution qui se caractérise par une fragilisation, voire une remise en cause fondamentale de l'essence politique de l'impôt, et par conséquent du lien entre la citoyenneté et la fiscalité. L'impôt est désormais acquis comme le prix d'un service rendu par l'institution qui en bénéficie plutôt que comme l'essence d'un lien de solidarité, voire un devoir social issu de notre culture et de nos valeurs.

Le contribuable est très amène de l'utilisation qui est faite de l'argent public. Lui-même a tendance à se considérer plus comme un client que comme l'usager d'un bien commun. L'administration fiscale, elle-même, tend à se réinventer et à faire oublier sa mission régalienne et de contrôle au profit d'une administration de services, c'est-à-dire au service des usagers et non des contribuables. Au-delà de cette image, elle est obligée, comme toutes les administrations, de rentabiliser sa gestion et de se plier aux objectifs de performance sous les effets de la baisse et du manque de moyens.

Un glissement de sens semble donc s'opérer dans la mesure où le civisme fiscal prend une dimension plus administrative et gestionnaire que politique. Cette culture gestionnaire s'inscrit dans la recherche de l'affichage d'une meilleure qualité des services rendus aux usagers et surtout dans celle d'une maîtrise (et si possible de baisse) de la dépense publique, et de la recherche du moindre coût administratif, comme par exemple celui du traitement de l'impôt par l'administration fiscale. On a pour cela la mise en œuvre d'un glissement de service par l'usager lui-même et le développement d'une forme d'accomplissement volontaire par le citoyen-usager de ses obligations fiscales. Cette stratégie, récente, relève de celle développée aux États-Unis et en Grande-Bretagne, assise sur la notion de prévention et de confiance mutuelle, elle garantit de fait un certain niveau de recouvrement, c'est la compliance.

Si le civisme fiscal « classique » suppose l'adhésion du contribuable dans le processus politique de décision fiscale, le « nouveau civisme fiscal » procède de rapports de confiance mutuelle entre les contribuables-usagers et l'administration. À la légitimité politique est venue s'ajouter une autre légitimité, gestionnaire, avec pour objectif un consentement direct du citoyen-client à l'application de la loi fiscale impulsé par l'attitude même de l'administration. En d'autres termes, elle doit être simple et « plaire » pour être comprise.

Toujours plus pour les riches... quel avenir pour le consentement sur fond d'inégalités ?

Se dressent devant nous progressivement l'affaiblissement, voire la mort, du consentement de l'impôt, mais aussi le rôle de la classe politique et au fond, la nature même du citoyen. Cela s'observe notamment au regard de la perte de sens du devoir fiscal, la banalisation de l'évitement de l'impôt caractérisant le contexte contemporain. Au-delà de la seule résistance à l'impôt, il faut y voir un refus qui tend à s'étendre par agrégation de mouvements contestataires dont celui des « Gilets jaunes », marqueur de révoltes fiscales. Quelle est la légitimité de l'impôt si l'on n'en voit que la seule fonction budgétaire, et non plus sa fonction redistributive, d'instrument de justice sociale ?

L'Observatoire des inégalités (un organisme indépendant qui rassemble des économistes et des sociologues), dans son troisième rapport publié en juin 2019[37], tirait le constat d'une augmentation du taux de pauvreté : entre 2006 et 2016, le pourcentage de personnes ayant un niveau de revenu inférieur à 50 % du niveau de vie médian (qui partage la population en deux parts égales) est passé de 7,3 % à 8 % (et de 14,1 % en 2017 à 14,8 % en 2018 si l'on retient le seuil de 60 %). Il note que les enfants de cadres supérieurs sont 2,9 fois plus nombreux que les enfants d'ouvriers parmi les étudiants dans l'enseignement supérieur. Il s'inquiète aussi d'une augmentation du pourcentage d'emplois précaires (CDD, intérim, apprentissage), qui a atteint 13,6 % en 2017 contre 12 % en 2007. Le rapport considère que le modèle social français *« ne répond pas à la promesse d'égalité et suscite de très nombreuses frustrations »*. L'INSEE confirme la hausse des inégalités (notamment de la pauvreté), déjà perceptible en 2018 soit avant la crise née en 2020[38], tandis que le Secours catholique s'alarmait de la hausse du nombre de ses bénéficiaires au cours de l'année 2020. En clair, la pauvreté progresse...

---

[37] Observatoire des inégalités, *Rapport sur les inégalités en France*, juin 2019.

[38] INSEE, « Taux de pauvreté selon le seuil de pauvreté, données annuelles de 1975 à 2018 », septembre 2020.

Toujours selon l'étude de l'Observatoire basée sur des données de 2016, en moyenne, les 10 % de Français les plus aisés perçoivent des revenus 8,7 fois plus élevés que les 10 % les plus pauvres après impôts et prestations sociales. Le rapport précise que la France est, derrière la Suisse, le pays d'Europe où les riches sont les plus riches, les 1 % de Français les plus aisés touchant au moins 7 000 euros par mois, contre 5 800 euros au Royaume-Uni par exemple. En matière de patrimoine également, les inégalités sont importantes : l'INSEE a établi que les 1 % les plus fortunés possèdent 17 % de l'ensemble du patrimoine des ménages et que, *« entre 1998 et 2015, le patrimoine immobilier et financier des Français a doublé, sauf pour les 20 % des ménages les moins dotés »*[39]. Le directeur de l'Observatoire, Louis Maurin, estime que ces données *« invalident la thèse d'une fuite des super riches sous l'effet de la pression fiscale »*[40].

Dans ce contexte, l'opinion, y compris le mouvement des « Gilets jaunes », pose la question de la justice sociale et fiscale alors que les choix du gouvernement d'Emmanuel Macron n'ont fait qu'alourdir ce ressenti d'injustices criantes : ses priorités ont été de favoriser les plus riches disposant de revenus importants et des plus hauts patrimoines, en leur octroyant des baisses substantielles d'impôts. Dès lors, tous ceux qui n'étaient pas considérés comme des « premiers de cordée » se sont sentis floués et dénigrés.

Pour justifier ses décisions, le discours macronien repose sur des allégations, fausses car démenties par les faits. Il en va ainsi de vouloir justifier la suppression de l'ISF par une prétendue fuite des patrimoines hors de France, alors que depuis 1990, on a assisté à une hausse des patrimoines et des montants déclarés à l'ISF. Avec de plus une croissante forte et plus rapide des patrimoines financiers que des patrimoines immobiliers et une progression plus rapide que le PIB, l'impact de la crise de 2007-2008 ayant été vite gommée par la reprise des places boursières.

---

[39] INSEE, *Les revenus et le patrimoine des ménages*, Édition 2018.

[40] Citation relevé dans l'article « Êtes-vous riche ? La réponse de l'Observatoire des inégalités » in quotidien Le Monde, 9 juin 2020.

L'ISF, considéré comme peu rentable, rapportait près de 5 milliards d'euros en 2017, sans un modèle de contrôle aisé de la part de l'administration dans la mesure où l'ISF ne faisait pas l'objet d'une déclaration pré-remplie (les sous-estimations des biens immobiliers étaient fréquentes) tandis qu'aucun détail patrimonial n'était prévu en deçà de 3 millions d'euros. Un joli « cadeau » que celui-ci, sauf pour l'administration qui ne disposait plus des informations nécessaires au contrôle des patrimoines déclarés et au recouvrement des sommes dues.

La transformation de l'ISF en impôt sur la fortune immobilière (IFI) et l'instauration d'une « flat-tax » sur les revenus financiers (le prélèvement forfaitaire unique, au taux proportionnel) auront bénéficié aux plus aisés qui concentrent une large part du patrimoine et des revenus financiers. Le bilan de ces mesures est éclairant.

Selon l'INSEE, *« En 2015, 1 % de la population déclare ainsi 30 % des revenus du patrimoine (...) Les revenus déclarés des valeurs mobilières sont particulièrement concentrés sur les ménages à très haut revenu (...), ils atteignent en moyenne 36 470 euros pour les très hauts revenus (...) et 692 590 euros pour les 0,01 % les plus aisés »*[41].

En outre, ces mesures n'ont pas eu d'effet économique avéré. Selon France stratégie, *« le seul élément tangible qui peut être relevé à ce stade sur données agrégées est la forte progression des dividendes reçus par les ménages en 2018 »42*. Le second rapport de France stratégie est plus explicite, précisant que la moyenne des revenus déclarés par les 0,1 % les plus aisés (soit 38 000 foyers fiscaux) a augmenté de 27,5 % entre 2017 et 2018, soit beaucoup plus que toute autre catégorie de la population. Le rapport note une forte progression des dividendes déclarés par les ménages au titre de 2018. Avec 28 milliards d'euros, ce montant double depuis 2017 : « e*n 2018 ces dividendes ont été encore plus concentrés qu'en 2017 : deux tiers des 23 milliards d'euros ont été reçus par 38 000 foyers (0,1 %*

[41] INSEE, *Les revenus et le patrimoine des ménages*, éditions 2018.

[42] France stratégie, premier rapport du comité d'évaluation des réformes de la fiscalité du capital, septembre 2019.

des foyers) dont un tiers par 3 800 foyers (0,01 % des foyers) alors que l'année précédente la moitié des 14 milliards avaient été reçus par 38 000 foyers »[43]. Bien que contrariés par la crise de 2020, ceux-ci ont été favorisés par les choix fiscaux du début de quinquennat : la baisse de l'imposition des entreprises, notamment celle du taux nominal de l'impôt sur les sociétés, donnera même des marges de manœuvre supplémentaires aux sociétés pour leur verser des dividendes.

Au début de son quinquennat, le gouvernement d'Emmanuel Macron a donc pris des mesures lourdes de sens qui nourriront les inégalités sociales et fiscales, en faisant du capitalisme financier outrancier son credo. Y compris par des mesures discrètes comme l'abattement temporaire (de juillet 2020 et juin 2021) de 100 000 euros au profit des enfants et petits enfants (il existe pourtant déjà des abattements importants en la matière). Censée leur permettre d'investir dans la construction ou la rénovation énergétique de leur résidence principale ou encore de souscrire au capital d'une petite entreprise dans laquelle ils exercent, cette mesure ne peut bénéficier qu'à ceux qui ont une telle somme à transmettre, soit une minorité.

Globalement, cette politique a créé un rejet d'une partie importante de la population qui, se sentant exclue, a fait valoir une colère que les mouvements et partis xénophobes ont voulu récupérer. Le gouvernement a souhaité réagir mais les mesures qu'il a prises dans l'urgence, comme l'allègement de l'impôt sur le revenu ou la suppression de la taxe d'habitation ne procèdent pas à un véritable rééquilibrage.

Loi de finances 2021, plan de relance : une rupture ?

100 milliards, le montant global des diverses mesures composant le plan de relance, intégré au projet de loi de finances 2021, a de quoi impressionner. La notion même de plan de relance dans un contexte inédit acte la nécessité et la légitimité

---

[43] France stratégie, Comité d'évaluation des réformes de la fiscalité du capital, second rapport, octobre 2020.

de l'intervention de l'action publique dans l'économie, même si la philosophie et le contenu du plan (tourné vers l'offre) sont débattus. Les principales critiques portent sur l'absence de contre-parties et de conditions, ce qui risque de générer des effets d'aubaine et pervers : des entreprises pourraient bénéficier d'aides et les utiliser à d'autres fins que le maintien de l'emploi. L'objectif ? 160 000 créations d'emplois, ce qui semble bien peu au regard des sommes engagées. Le bilan du crédit d'impôt compétitivité emploi (CICE) plane, il rappelle en effet que l'absence de condition ne produit pas d'effets notables sur l'emploi.

Sur ces 100 milliards d'euros, engagés sur deux ans, figurent par ailleurs des mesures actées avant la crise : il en va ainsi de la baisse des impôts dits « de production » pour 20 milliards d'euros en deux ans. Celle-ci se décompose de la manière suivante : baisse de 7,2 milliards d'euros de la cotisation sur la valeur ajoutée des entreprises (CVAE), de 1,75 milliard d'euros de la taxe foncière sur les propriétés bâties détenues par les entreprises (TFPB) et de 1,5 milliard d'euros de la contribution foncière des entreprises (CFE), accompagnée d'une baisse du taux de plafonnement de la contribution économique territoriale en fonction de la valeur ajoutée de 3 % à 2 %, et mise en place d'une mesure permettant de prolonger de trois ans l'exonération de CFE en cas de création ou d'extension d'établissements. Le gouvernement reste fidèle à son approche d'avant crise : baisser l'imposition des entreprises. Ce qui interpelle également les collectivités territoriales puisqu'elles percevaient ces impôts...

Par ailleurs, le gouvernement poursuit dans sa volonté d'associer, par voie de contrats, les collectivités locales à la *« maîtrise »* des finances publiques alors qu'elles sont fortement sollicitées. En outre, malgré les 30 milliards d'euros consacrés à l'écologie, grâce auxquels le gouvernement parle de « budget vert » même s'il est très critiqué[44], le plan de relance et le budget pour l'année 2021 donne toujours la priorité aux entreprises en

---

[44] Voir notamment l'article, « Les ONG ne croient pas au « budget vert » du gouvernement », in *Challenges,* 28 septembre 2020.

prenant le risque d'aider sans condition. Car se pose la question de la destination finale de aides, donc des conditions qui devraient les assortir et, enfin, de leur évaluation. Plus largement, l'écologie vantée par le gouvernement *« est noyée dans une politique anti-écologique générale : maintien des accords de libre-échange, transports émetteurs de gaz à effet de serre (etc) »*[45], elle est questionnée par les reculs gouvernementaux sur les pesticides et le maintien de dépenses fiscales « anti-écologiques ».

Quel bilan pour le CICE ?

Le bilan du CICE est éloquent. Selon France Stratégie[46], on dénombre *« 115 000 emplois créés ou sauvegardés en 2014, 105 000 en moyenne sur la période 2014-2015 et un peu moins de 100 000 sur la période 2014-2016 »*. Par ailleurs, *« l'effet du CICE sur les prix, ici mesurés comme les prix de la valeur ajoutée, aboutit également à un diagnostic mitigé »*. Enfin, *« les estimations, tant sur l'ensemble de l'échantillon des branches que séparément entre biens et services, ne permettent pas de conclure à un effet du dispositif sur l'investissement »*.

Le coût budgétaire est colossal. Le montant du CICE remboursé ou déduit de l'impôt a atteint 12,4 milliards d'euros en 2014, 12,6 milliards en 2015, 12,9 milliards en 2016, 15,7 milliards en 2017, 19,41 milliards en 2018 et 19,1 milliards en 2019, alors que que les créances acquises par les entreprises au titre du CICE n'avaient pas toutes été remboursées ou déduites de l'impôt au 1er janvier 2019 lorsque le CICE a été transformé en allégement de cotisations sociales.

---

[45] Article du 10 septembre 2020 de Jean-Marie Harribey, « 100 balles dans la machine ? », blog sur le site alternatives-économiques.fr.

[46] Rapport de France Stratégie, *Évaluation du Crédit d'impôt pour la compétitivité et l'emploi, synthèse des travaux d'approfondissement,* septembre 2020.

L'évasion fiscale, un fléau

On peut dire sans risque que l'évitement de l'impôt date du premier impôt de l'histoire humaine ! Dans toutes les périodes de l'histoire, chercher à ne pas payer d'impôt, par la voie légale (ce qui suppose de connaître la loi, voire de l'influencer) ou illégale, a été une pratique constante, même si en fonction de la richesse et de la puissance de chacun, tout le monde n'a pas été à égalité, certains parvenant plus facilement à éviter l'impôt que d'autres.

Dans la période contemporaine, ce phénomène d'évitement de l'impôt s'est amplifié et diversifié. La déréglementation financière, la concurrence fiscale et sociale, la concentration des richesses mais aussi la rapidité et la facilité de leur circulation, le poids des lobbies et d'intérêts puissants, la numérisation de l'économie et l'affaiblissement des administrations fiscales, sociales et douanières chargées de la combattre l'ont largement favorisé. Les paradis fiscaux notamment, qui existent de longue date[47], ont renforcé leur position durant tout le 20e siècle.

À la suite de la crise de 2007-2008, les États ont annoncé des mesures contre la fraude fiscale et les paradis fiscaux. Car aux besoins de ressources budgétaire s'est ajouté l'effet dévastateur des nombreuses affaires mettant en lumière la diversité, la sophistication et l'ampleur de l'évasion fiscale qui ont été révélées. Mêlant optimisation agressive et fraude fiscale, elles ont montré la réalité d'une fiscalité à deux vitesses à des populations qui subissaient des politiques de rigueur et d'austérité budgétaires. Elles ont également pointé le retard pris de longue date par les États pour combattre ce que l'on peut qualifier de fléau et à quel point ces pratiques faisaient système.

L'évitement de l'impôt est soit légal, mais souvent perçu comme illégitime (c'est l'optimisation fiscale), soit illégal, avec la fraude. L'évasion fiscale pour sa part n'est pas précisément définie et recouvre des réalités diverses et complexes liées à

---

[47] Voir notamment : Thierry Godefroy et Pierre Lascoumes, *Le capitalisme clandestin*, Éditions La Découverte, 2004.

l'optimisation agressive voire la fraude. L'optimisation fiscale agressive constitue une zone grise, intermédiaire, difficile à appréhender. Elle consiste à utiliser toutes les marges de manœuvre du droit fiscal ou des conventions fiscales bilatérales (leurs manques et leurs incohérences), afin de réduire l'impôt à payer. Le législateur lui-même peut vouloir offrir des largesses qui seront exploitées et donneront lieu à une optimisation fiscale agressive, ou tout simplement demeurer impuissant face à la concurrence fiscale internationale. Au risque de prendre des mesures qui viendront l'alimenter.

Concrètement, il est parfois difficile de distinguer l'optimisation fiscale agressive de la fraude. Un schéma d'optimisation apparemment légal peut en effet cacher une véritable fraude. Prenons l'exemple d'un versement dûment justifié par une facture, effectué par une société établie en France à l'une de ses filiales basée en Irlande. Ce versement constitue une charge déductible du bénéfice imposable à l'impôt sur les sociétés en France et, inversement, un produit imposable en Irlande. Mais comme le taux de l'impôt sur les sociétés (IS) irlandais est de 12,5 %, donc nettement inférieur au taux français, le groupe que forment les deux sociétés réalise une économie d'impôt. Si le versement correspond à une vente réelle facturé au « bon prix » (soit le prix normal sur le marché), nous avons affaire à une optimisation légale. Mais si ce prix est artificiellement « gonflé » et qu'il est excessif au regard de la vente à laquelle il se rapporte, alors la partie qui excède le « prix normal » n'a pas à être déduite du bénéfice imposable à l'IS, nous avons affaire à une fraude.

Dans les deux cas, le but de l'opération est évidemment de réaliser une économie d'impôt avec une légalité apparente (une facture, deux sociétés connues). Mais dans le second, il faut procéder à un contrôle pour déterminer et prouver la fraude. Cela n'est qu'un exemple parmi d'autres de schéma d'optimisation agressive et de fraude fiscale. Sachant qu'avec la numérisation de l'économie et l'essor de la propriété immatérielle et intellectuelle (et le versement de redevances d'une société à une autre du même groupe établie dans un pays à fiscalité privilégié par exemple), le contrôle de ces pratiques s'est singulièrement complexifié.

Cette pratique, baptisée prix de transfert, est très répandue au sein des multinationales. Selon l'OCDE, les prix de transfert constituent plus de la moitié du commerce mondial. Il suffit donc qu'une minorité d'entre eux soit manipulée pour générer des pertes de recettes fiscales colossales en matière d'impôt sur les sociétés, au risque de fausser l'activité économique elle-même.

L'impôt sur les sociétés dépassé par le « numérique »

Le numérique favorise la mobilité des sources de création de valeurs (par les serveurs, les ressources informatiques, la collecte et la gestion de données, la création et la mobilité des actifs incorporels, etc.), outre qu'il modifie parfois en profondeur l'organisation du travail (par la montée en puissance des plate-formes par exemple). Il déplace les bases imposables, parfois artificiellement, avec la complicité de certains États qui, dans leurs conventions fiscales et/ou leurs rescrits passés avec certaines entreprises, favorisent largement l'érosion des bases et des profits imposables… Dans ce contexte, les bases imposables à l'impôt sur les sociétés (IS) ont une fâcheuse tendance à se contracter. Au fond, c'est le droit des États d'imposer qui est en question. Les recettes de l'IS (déjà réduites par les baisses de taux et les régimes dérogatoires) sont inférieures à ce qu'elles seraient si le principe selon lequel il faut imposer la richesse où elle est créée était pleinement appliqué.

La numérisation de l'économie met cette anomalie en exergue. Le député européen Paul Tang a estimé en septembre 2017 que le taux d'imposition réel de Google en Europe se situe entre 0,36 et 0,82 % et que celui Facebook se situe entre 0,03 et 0,1 %. Les pays de l'Union européenne auraient ainsi perdu de 5,1 à 5,4 milliards d'euros de recettes fiscales (741 millions pour la France) sur la période 2013-2015. Selon une commission indépendante, l'ICRICT (Indepentent commission for the reform of international corporation taxation), Facebook n'aurait payé en 2017 que 7,4 millions de livres sterling d'impôt au Royaume-Uni pour un revenu de 1,3 milliard de livres dans le pays. De son côté, Google aurait transféré près de 20 milliards d'euros aux Bermudes via une société-écran néerlandaise. L'échec en 2018 du projet d'introduction d'une « taxe Gafa » au sein de l'Union européenne, les âpres négociations au sein de l'OCDE et les difficultés nées d'intérêts antagonistes entre États font perdre beaucoup de temps dans la nécessaire rénovation du système fiscal.

À l'inégalité devant l'impôt s'ajoute une inégalité devant son évitement en quelque sorte. À titre d'exemple, un salarié ne peut pas déclarer un salaire inférieur à celui qu'il perçoit réellement puisque l'administration le connaît par l'entreprise. Mais de riches fraudeurs bien conseillés logeront des avoirs financiers dans des sociétés-écrans et des territoires opaques. Ce qui est impossible pour la quasi-totalité de la population.

Ces diverses pratiques font l'objet de travaux de plus en plus fouillés qui mettent en exergue la sophistication des montages[48]. Certes, évaluer les pertes dues à l'évitement illégal de l'impôt est complexe, mais les travaux sont de plus en plus étayés. Certains font référence et sont régulièrement cités, y compris par les pouvoirs publics. Pour l'économiste Gabriel Zucman 49 le phénomène est préoccupant : *« à l'échelle mondiale, plus de 40 % des profits réalisés par les multinationales sont délocalisés artificiellement dans les paradis fiscaux, et 8 % de la richesse financière des particuliers y est dissimulée. Avec à la clé un manque à gagner pour les États qui dépasse (...) 20 milliards pour la France ». S'*agissant des particuliers, *« tous les capitaux offshore ne se soustraient pas à l'impôt, mais les éléments de preuve disponibles montrent que la plupart des avoirs détenus à l'étranger – de l'ordre de 75 % actuellement – sont encore non*

[48] Voir Richard Phllips, Hannah Petersen, Ronen Palan, « Group subsidiaries, tax minimization and offshore financial centres: Mapping organizational structures to establish the 'in-betweener' advantage », Journal of International Business Policy, octobre 2020.

[49] *e600 Billion and Counting : Why High-Tax Countries Let Tax Havens Flourish,* Thomas T#rsl#v (U. of Copenhagen), Ludvig Wier (U. of Copenhagen), Gabriel Zucman (UC Berkeley), novembre 2017.

déclarés ». Ce qui représente des pertes considérables en matière d'impôts sur le revenu et sur le patrimoine.

Pour les chercheurs de l'Université de Londres[50], la fraude aux prélèvements obligatoires représenterait 825 milliards d'euros par an au sein de l'Union européenne (ressources fiscales et sociales). Appliquée à la France, elle revient à cumuler la fraude fiscale et la fraude sociale. Celle-ci, pour la Cour des comptes, se situe aux alentours de 20 milliards d'euros (elle est probablement sous-estimée)[51]. Et pour le syndicat Solidaires Finances Publiques, l'évitement illégal de l'impôt se situerait aux environs de 80 milliards d'euros par an[52]. Si l'on additionne ces deux montants pour les rapprocher des estimations de l'Université de Londres, sachant que la France représente un peu plus de 13 % de la richesse européenne, les montants sont comparables. Ils sont de loin supérieurs à la fraude aux prestations sociales (dénoncée à grands cris par ceux qui vilipendent « l'assistanat », autrement dit qui plaident pour une baisse des prestations sociales) estimée entre 1 et 3 milliards d'euros[53], voire un peu plus.

La fraude fiscale concerne tous les impôts. Au-delà de l'impôt sur les sociétés déjà évoqué, la fraude à la TVA génère des pertes annuelles en France estimées à au moins 15 milliards d'euros[54]. L'impôt sur le revenu est également touché, quand tous les

---

[50] Tax researh UK, T*he european tax gap*, Richard Murphy, janvier 2019.

[51] Rapport de la Cour des comptes, *Sécurité sociale, rapport sur l'application des lois de financement de la sécurité sociale*, septembre 2014.

[52] Rapports du syndicat Solidaires Finances Publiques intitulés, *Évasions et fraudes fiscales, contrôle fiscal,* janvier 2013 et *Quand la baisse des moyens du contrôle fiscal entraîne une baisse de sa présence,* septembre 2018. Le travail du syndicat depuis 15 ans a permis d'installer ce sujet dans la durée. Cette estimation, jamais réellement démentie, a été reconnue dans nombre de travaux officiels et s'est installée dans le débat durablement. Estimer la fraude n'étant pas un science exacte, il reste à poursuivre ce travail.

[53] Selon le rapport *La lutte contre la fraude aux prestations sociales* (septembre 2020) de la Cour des comptes : « *S'agissant des prestations légales versées en 2018 (...), la CNAF a estimé à 2,32Md€ le montant des indus frauduleux ».*

[54] Rapport de la Cour des comptes, *La fraude aux prélèvements obligatoires*, 2 décembre 2019.

revenus ne sont pas déclarés. Il en va de même des impôts patrimoniaux lorsque l'estimation d'un bien transmis par voie de donation ou de succession, ou déclaré à l'impôt sur la fortune immobilière, est sous-évaluée. Les impôts locaux sont aussi concernés puisque certains travaux de rénovation et d'agrandissement ne sont pas déclarés alors qu'ils auraient relevé la valeur locative cadastrale. Les droits de douanes eux-mêmes ne sont pas épargnés.

Les conséquences de l'évitement illégal de l'impôt sont multiples. Tout d'abord, les montants fraudés manquent cruellement à l'action publique et à la protection sociale, ils contribuent à dégrader le service public et la couverture sociale mais également à creuser les déficits publics. Les contribuables honnêtes (particuliers ou entreprises) sont pénalisés car ils supportent la charge fiscale qui finance des services dont bénéficient aussi les fraudeurs. L'activité économique s'en trouve faussée au bénéfice des fraudeurs. En outre, le sentiment d'injustice fiscale augmente et le consentement à l'impôt s'affaiblit. Du point de vue de l'économie comportementale, il faut donc *« s'interroger sur la meilleure manière de faire basculer les comportements vers des décisions conformes à l'intérêt général »*[55].

Les opinions sont choquées de l'ampleur du phénomène. En France, l'une des revendications des « Gilets jaunes » est de combattre l'évasion fiscale. Le mécontentement des populations et le besoin de dégager des recettes ont conduit les États à prendre certaines mesures alors que, au plan international, l'OCDE a mis en place un plan visant à limiter « l'érosion des bases imposables ». Les discussions sont toutefois longues et difficiles car certains États souhaitent conserver leurs spécificités, pensant être plus attractifs que les autres.

---

[55] CEPREMAP, *Comment lutter contre la fraude fiscale ? Les enseignements de l'économie comportementale*, Éditions rue d'Ulm/Presses de l'École normale supérieure, 2020.

Les gouvernements déclarent tous vouloir combattre les comportements frauduleux, ils veulent aussi privilégier l'accompagnement des entreprises et des contribuables. La stratégie est complexe : accompagner, favoriser les régularisations rapides et afficher une action résolue contre la fraude. Plusieurs États ont ainsi incité les fraudeurs à régulariser leur situation. La France a instauré ce dispositif entre 2013 et 2017. Or, s'agissant des particuliers, elle a surtout concerné des personnes ayant hérité de comptes (en Suisse notamment) mais peu de fraudeurs réellement actifs. Quant aux entreprises, elles font l'objet de nombreuses attentions. L'évolution récente, avec notamment la loi « ESSOC », consiste à réorienter l'action du contrôle fiscal (en réduisant les interventions des agents des finances publiques dans les locaux des entreprises), à faire de l'acceptation des conclusions du contrôle une priorité, à privilégier coûte que coûte les régularisations et à faire primer l'accompagnement des entreprises sur le contrôle. Au risque d'instaurer un système dans lequel le contrôle se résumerait à une discussion sur ce que l'entreprise (ou le contribuable) serait prête à payer dans le but de stopper un contrôle. Et ce, en lieu et place d'un système dans lequel le contrôle, contre-partie du système déclaratif, doit servir à identifier et rappeler l'impôt dû et, le cas échéant, appliquer les sanctions adaptées à la gravité de l'évitement de l'impôt. Ce qui est sa fonction première.

Avec la crise provoquée par la Covid-19, de nombreuses entreprises et de salariés ont connu et connaîtront des difficultés profondes. Mais la fraude ne se tarira pas pour autant. L'économie souterraine pourrait se développer, comme c'est le cas en temps de crise[56], tandis que des acteurs frauduleux tenteront de bénéficier indûment des aides aux entreprises ou, plus prosaïquement, continueront de frauder la TVA, de transférer des bénéfices dans des paradis fiscaux, etc. Par ailleurs,

[56] Pour le chercheur Friedrich Schneider ; *« A cause de la crise économique, l'économie souterraine aura augmenté en 2010 dans les pays développés, après une hausse en 2009 »*. La part de cette économie non officielle dans le produit intérieur brut (PIB) des pays de l'OCDE a grimpé de 13,3 % en 2008 à 14 % en 2010. Citation et données issus de l'article « La crise fait fleurir l'économie souterraine » in *L'Économiste*, édition 3351, 31 août 2010.

certains secteurs se portent bien malgré la crise, tandis que les stratégies d'évitement de l'impôt demeurent actives. En outre, avec la pression sur les comptes publics et face aux enjeux sociaux, économiques et environnementaux, les États ont besoin de ressources. Enfin, il faut plus que jamais renforcer le consentement à l'impôt. Pour toutes ces raisons, améliorer la lutte contre l'optimisation et la fraude fiscales demeure nécessaire.

La baisse préoccupante des moyens de l'action publique face aux enjeux

Il peut sembler contradictoire d'entendre des experts, représentants syndicaux ou responsables politiques dénoncer le manque de moyens des services publics, alors que l'on entend par ailleurs de nombreuses voix déplorer le niveau de la dépense publique en France, ce qui est parfaitement explicable. Les quelques exemples qui suivent illustrent pourtant tous que l'action publique et la protection sociale souffrent d'un réel manque.

L'hôpital est en mauvaise santé. La crise de la Covid-19 a dramatiquement mis en lumière le manque de moyens de l'hôpital. Et cette fois, ce ne sont pas les revendications des représentants des personnels, dont les alertes ont été malheureusement rarement prises au sérieux, mais des travaux on ne peut plus officiels qui le montrent. En octobre 2019, le Sénat s'alarmait ainsi d'une approche purement budgétaire qui a affaibli l'hôpital : *« le respect de l'objectif global s'accompagne ainsi sur les derniers exercices d'une dégradation, ou pour le moins d'une situation préoccupante, de la situation financière des hôpitaux publics »*[57]. Le Sénat allant jusqu'à s'interroger sur la pertinence de l'objectif national de dépense de l'assurance maladie en ces termes : *« une approche décorrélée des besoins de santé ? »*. Les conséquences sont ici très concrètes : entre

---

[57] Rapport d'information de la mission d'évaluation et de contrôle de la sécurité sociale de la Commission des affaires sociales du Sénat sur *l'objectif national de dépenses d'assurance maladie*, 9 octobre 2019.

2013 et 2018, 17 500 lits en hospitalisation complète ont été supprimés[58].

L'hôpital n'est malheureusement pas le seul à souffrir du manque de moyens et d'une approche purement budgétaire mais déconnectée des besoins. L'aide sociale à l'enfance, qui concerne 340 000 enfants, en est également victime. Comme souvent, le cri d'alarme est venu des personnels, finalement les mieux placés pour parler de leur métier, mais aussi des élus locaux. Au point de pousser le gouvernement à dégager en février 2020 des crédits en toute urgence après un reportage télévisé qui mettait en lumière le quotidien d'un secteur abandonné à lui-même.

La dépendance également semble délaissée : selon un baromètre dévoilé le 25 février 2020 par l'Union nationale de l'aide, des soins et des services au domicile (UNA), 20 % des demandes d'accompagnement à la maison n'aboutissent pas. Une situation dont sont victimes les personnes en perte d'autonomie, leurs aidants et les personnels du secteur. Pour l'UNA, *« après les déserts médicaux, les déserts de l'accompagnement médico-social sont une réalité en France »*.

La protection sociale est donc fragilisée, tout comme de nombreux services de l'État. L'un des exemples emblématiques est celui de l'administration fiscale et financière, la Direction générale des finances publiques (DGFiP).

Entre 2002 et 2020, la DGFiP a en effet subi près de 42 000 suppressions d'emplois alors que, malgré la montée en puissance du numérique, elle a vu sa charge de travail s'accroître, tout comme la complexité de ses missions.

Il est par exemple frappant de constater que les services de contrôle fiscal ont perdu des emplois alors que la fraude est évalué à 80 milliards d'euros. La Cour des comptes[59] a montré que 1 733 emplois ont été supprimés dans les services de contrôle

---

[58] Direction de la recherche, des études, de l'évaluation et des statistiques, *Études et résultats,* N° 1130, octobre 2019.

[59] Rapport de la Cour des comptes, *la DGFiP dix ans après la fusion,* juin 2018.

entre 2012 et 2016 (plus de 3 000 depuis le milieu des années 2000). Difficile de combattre efficacement l'évitement de l'impôt dans ces conditions... Cette baisse a des conséquences. Le nombre de contrôles fiscaux a baissé (à titre d'exemple, le nombre de contrôles externes est passé de 51 572 en 2010 à 48 165 en 2019) alors que le nombre de foyers fiscaux à l'impôt sur le revenu et d'entreprises (soumises à la TVA et/ou à l'impôt sur les sociétés) augmentait. Les résultats financiers s'effondrent : ils passent de 16 milliards d'euros de « redressements » en 2010 a 21 milliards d'euros en 2015 avec les régularisations puis à 13,8 milliards d'euros en 2019.

Entre 2003 et 2015, le nombre d'agents dans les trésoreries, chargées par exemple de gérer les comptes des collectivités locales, a diminué de 40 % alors que le nombre de comptes qu'ils devaient gérer est passé de 110 000 à 160 000[60]. Plus de travail, moins de moyens : toute la DGFiP est touchée.

Une redistribution sociale sous pression

Les dépenses sociales augmentent de longue date, elles constituent le premier poste des dépenses publiques. Plusieurs raisons expliquent cette évolution. Avec les crises intervenues depuis près de 50 ans, les dépenses « chômage » ont été fortement sollicitées. Les dépenses de retraites ont également augmenté sous l'impact de l'évolution démographique. La création de la couverture médicale universelle et celle du revenu minimum d'insertion (devenu revenu de solidarité active) y contribuent. L'allongement de la durée de vie a également un impact sur les dépenses de santé et de retraite.

Pour autant, de nombreuses réformes, en matière de système de retraite et d'indemnisation chômage par exemple, ont principalement visé à faire baisser les dépenses (soit les indemnisations et les pensions de retraite...) alors que les besoins

---

60 Laurent Rose-Hano, « Comment les comptables publics vivent-ils une responsabilité plus effective dans un contexte toujours plus contraignant de leurs moyens ? », in *Revue française de finances publiques* n°139, septembre 2017.

sont importants, voire augmentent. La gouvernance des dépenses sociales elle aussi joue un rôle important : un objectif national des dépenses d'assurance maladie (ONDAM) déterminant le montant des dépenses d'assurance maladie remboursées par la collectivité est fixé chaque année dans la loi de financement de la Sécurité sociale.

En résumé, les besoins augmentent, ce qui se traduit par une hausse des dépenses contrariée par la volonté politique de stabiliser et de baisser les dépenses publiques, dont les dépenses sociales.

Celles-ci jouent pourtant un rôle essentiel dans la réduction des inégalités de revenus. Encore faut-il qu'elles ne soient pas financées par un système de prélèvements injuste. Car cela reviendrait à faire reposer le financement de cette redistribution par une partie de la population. Et ce, alors qu'elle ne profite pas qu'aux personnes en ayant le plus besoin mais aussi, pour une large part, à l'ensemble de la population avec : les prestations familiales, les pensions de retraites et les remboursements de dépenses de santé par exemple.

Au fond, il s'agit là d'un choix de société qui se pose en termes assez simples. Si les besoins sociaux augmentent, la première question à se poser est de savoir si une part supplémentaire de la richesse nationale doit être consacrée à leur prise en charge.

Si la réponse est négative, il n'y aura aucune augmentation de prélèvement ni de la dépense, mais la situation de la population aura tendance à se dégrader puisque les besoins ne seront plus pris en charge.

Si la réponse est positive, encore faut-il savoir si cette part supplémentaire doit bénéficier :

- à l'ensemble de la population, ce qui plaide pour des recettes et des dépenses publiques afin d'assurer une certaine efficacité dans la réduction des inégalités et le caractère « juste » et universel du système de protection sociale,

- ou uniquement à ceux qui ont la capacité financière d'y accéder. Mais alors, les plus aisés bénéficieraient non seulement de la protection sociale collective préexistante (qui aura alors tendance à s'appauvrir et devenir un filet de sécurité minimum), mais aussi des systèmes facultatifs de type fonds de pension par capitalisation ou assurance santé privée, puisqu'ils auraient les moyens d'y accéder. Au risque d'accroître davantage les inégalités entre eux et ceux qui ne peuvent accéder aux systèmes individuels facultatifs.

Dans ces deux cas, on assistera à une hausse des dépenses sociales et une part de la richesse sera consacrée aux besoins sociaux. Mais le choix de société et l'impact social seront radicalement différents. Le premier choix, de loin le plus juste, implique une hausse des recettes et des dépenses publiques. Le second est plus injuste car seuls ceux qui le peuvent bénéficieront d'une couverture sociale. Et il se traduira par une baisse des recettes et des dépenses publiques, mais par une hausse des recettes et des dépenses sociales privées.

Troisième partie
Notre argent public au service du mieux-vivre ensemble

Recettes et dépenses publiques sont au cœur des sociétés. Les crises de 2007-2008 et de 2020, quoique différentes à bien des égards, les replacent au centre du débat public. Mais cela se fait dans un contexte dégradé : le consentement à l'impôt s'est affaibli, le contexte économique est préoccupant, une grande partie de la population perd confiance dans l'avenir et les institutions, les défis sociaux et environnementaux sont immenses, etc. Il est donc nécessaire de définir des orientations voire des propositions qui, sans constituer un programme « clef en main », pourraient répondre aux différents enjeux.

I/ Comprendre et réhabiliter les finances publiques : l'enjeu citoyen

Des principes fondamentaux très actuels

Dans une démocratie, le lien entre le citoyen et la vie en société s'effectue par l'impôt. Par leur vote, les citoyens donnent une orientation politique à la société, leurs représentants élus au parlement votent le budget, c'est-à-dire les mesures en matière de recettes et de dépenses publiques.

La Déclaration des droits de l'homme et du citoyen d'août 1789 pose l'approche fondamentale du système fiscal français. Elle fonde le consentement à l'impôt, l'une des exigences de la Révolution de 1789, pilier d'une démocratie dans laquelle les citoyens sont représentés. Ce principe n'est pas uniquement français. Il a été affirmé lors d'une révolte à Boston alors que les colons contestaient les taxes décidées par le parlement britannique sans qu'ils soient représentés : « no taxation without representation » fut le mot d'ordre qui s'est imposé lors du Boston tea party en 1773, un événement présenté comme l'une des causes de la guerre d'indépendance américaine.

Extraits de la Déclaration des Droits de l'Homme
et du Citoyen

Article 13*: « Pour l'entretien de la force publique, et pour les dépenses d'administration, une contribution commune est indispensable ; elle doit être également répartie entre les citoyens, en raison de leurs facultés. »*

Article 14 *: « Les citoyens ont le droit de constater, par eux-mêmes ou par leurs représentants, la nécessité de la contribution publique, de la consentir librement, d'en suivre l'emploi, et d'en déterminer la quotité, l'assiette, le recouvrement et la durée. »*

Article 15 *: « La société a le droit de demander compte à tout agent public de son administration. »*

En France, l'article 13 de la Déclaration des droits de l'homme et du citoyen du 26 août 1789 pose deux principes : la nécessité d'une ressource fiscale et sa juste répartition. L'article 14 porte sur le consentement, tandis que l'article 15 fonde le contrôle de l'argent public. Ces articles, partie du bloc de constitutionnalité, marquent une tradition de la nécessité de l'intervention de la force publique.

Plus précisément, on identifie quatre principes fondamentaux de l'impôt :

- le principe de légalité, défini dans l'article 34 de la Constitution d'octobre 1958, précise que les règles concernant l'assiette, le taux et les modalités de recouvrement des « *impositions de toutes natures* » sont fixées par la loi, et sont donc votées par le Parlement ;

- le principe d'annualité, selon lequel le Parlement doit donner chaque année au gouvernement l'autorisation de percevoir l'impôt ;
- le principe de nécessité, selon lequel l'impôt est légitime pour couvrir les besoins publics ;
- le principe d'égalité selon lequel *« la contribution commune [...] doit être également répartie entre tous les citoyens en raison de leurs facultés »*.

Ces principes fondent la jurisprudence constitutionnelle selon laquelle *« Le principe d'égalité devant la loi fiscale ne fait pas obstacle à ce que le législateur règle de façon différente des situations différentes, ni à ce qu'il déroge à l'égalité pour des raisons d'intérêt général, pourvu que, dans l'un et l'autre cas, la différence de traitement qui en résulte, soit en rapport direct avec l'objet de la loi qu'il établit »*[61]. Ce qui explique notamment que le Conseil constitutionnel ait validé la création de niches fiscales et du prélèvement forfaitaire unique par exemple, même si ces dispositifs interrogent l'égalité devant l'impôt.

Historiquement, la politique fiscale poursuit trois objectifs : financer l'action publique, réduire les inégalités et inciter à modifier les comportements. Ces objectifs auront rarement été aussi légitimes et nécessaires que dans la période actuelle. Ils méritent d'être relégitimés afin de reconsidérer la place de l'impôt (donc des finances publiques) et la répartition de la charge fiscale. Et ce, notamment au regard des besoins sociaux, économiques et environnementaux.

---

[61] « Le Conseil constitutionnel et le principe d'égalité devant l'impôt », Olivier Fouquet, Président honoraire de la section des finances du Conseil d'État, in *Nouveaux Cahiers du Conseil constitutionnel,* n° 33 (Dossier : le Conseil constitutionnel et l'impôt), octobre 2011

Relégitimer les finances publiques et, plus largement, l'idée de contribution commune, est un enjeu colossal qui nécessite d'agir sur plusieurs fronts.

À titre d'exemple, les cours dispensés dès l'école élémentaire, au collège et au lycée (dans les cycles 2, 3 et 4 de l'enseignement moral et civique) devraient aborder la question de la place et du rôle de l'impôt.

Les adultes ne doivent pas être oubliés. S'il existe des sites et des publications accessibles et pédagogiques, force est de constater que le débat public est aussi marqué par les polémiques voire les « fake news », ce qui est frustrant si l'on veut comprendre les enjeux. Or, donner une place à l'explication et à la définition des termes d'un débat qui, par suite, exposera les différentes positions, est une nécessité citoyenne. Et ceci pour éviter que ne pullulent les idées fausses sur l'impôt, quelle que soit leur origine.

Le mouvement social (ONG, syndicats, associations citoyennes…), dont l'intérêt pour les questions touchant aux finances publiques s'est accru, a son rôle à jouer. On peut aussi imaginer que le Conseil économique, social et environnemental et, au plan régional, les conseils économiques, sociaux et environnementaux régionaux, puissent se voir confier une mission sur la pédagogie des finances publiques.

Les responsables politiques ont un rôle particulier. S'ils font légitimement part de leurs positions, bien différentes d'une sensibilité à l'autre, ils ont une responsabilité dans la qualité du débat public. Ils ont également droit à une information exhaustive. Les parlementaires se plaignent ainsi régulièrement des difficultés à obtenir des informations précises dans le cadre de leurs travaux. De son côté, « Bercy » (les ministères économiques et financiers) est très sollicité pour établir des chiffrages et des projections, et souvent dans l'urgence. Avec des moyens limités pour répondre aux demandes. Une meilleure coopération, nécessaire, passe donc par un renforcement des moyens du Parlement et des ministères économiques et financiers.

De manière générale pour éviter que la démocratie devienne *« la dictature de l'ignorance »* (Platon), il faut améliorer la qualité et l'accessibilité du débat citoyen pour que chacun dispose d'un meilleur niveau d'information et de compréhension des questions touchant au « vivre-ensemble », notamment en matière de finances publiques.

De nombreux responsables politiques sont sensibles à cette exigence.

Christian Eckert identifie les enjeux en ces termes : *« Il faut davantage d'explications et de pédagogie sur le rôle de l'impôt : à quoi sert l'impôt, quels sont les chiffres, car il faut aussi donner à la population les échelles de valeurs financières (évoquer pêle-mêle des millions et des milliards est source de confusion). L'objectif est d'en finir avec les idées fausses. C'est compliqué mais nécessaire. Le deuxième enjeu porte plus précisément sur l'organisation de l'impôt : qui est touché, pour combien, quelle progressivité ? Les recettes de la protection sociale constituent un enjeu majeur : doit-on tout asseoir sur les cotisations ou fiscaliser ? On a le même enjeu pour les dépenses publiques et le rôle de l'État, qu'il faut mieux expliquer ».*

La pédagogie citoyenne est une nécessité partagée par Émilie Cariou pour qui *« il faut expliquer le rôle de l'impôt, notamment sur le financement des services publics. Il faut aussi expliquer à quoi sert une fiscalité écologique et de manière générale, faire le lien avec ce que finance l'impôt. Il faut donc beaucoup de pédagogie, et plus dans ce contexte ».*

Pour Pierre Larrouturou : *« Il faut d'abord clarifier les débats, admettre qu'il y a de bons et de mauvais impôts. Le mouvement des Gilets jaunes s'explique, je le comprends : lorsqu'on est obligé de prendre sa voiture pour se rendre au travail par exemple, on vit mal une hausse du prix du carburant. Il faut donc expliquer qui va payer, et pour quoi. Le nombre de milliardaires ayant triplé, ils peuvent par exemple contribuer. Il faut aussi que la dépense publique soit concrète et visible : une isolation d'Ehpad ou d'écoles c'est visible ».*

Cette pédagogie citoyenne est l'une des préoccupations de l'association Attac (*« une nécessité démocratique »* pour Dominique Plihon[62]) qui explique le rôle des politiques fiscales dans la financement des services publics en plaidant pour une

[62] Entretien avec les auteurs.

réduction des inégalités et la prise en charge des besoins sociaux et environnementaux[63].

Au fond, pour Michel Bouvier, « *Au contribuable qui se pense comme un client des institutions, il faut en substituer un autre, plus solidaire de ses semblables et soucieux de l'avenir de notre monde. Autrement dit, l'enjeu est de savoir articuler justice fiscale et justice sociale dans le cadre d'une économie libérale* »[64].

Une stratégie résolue doit donc être menée pour renforcer le consentement à l'impôt. Pour le sénateur Eric Bocquet, « *L'impôt ne peut être compris et consenti qu'à 4 conditions essentielles. D'abord il doit être juste et équitable, chacun et chacune contribuant selon ses capacités. Il doit être beaucoup plus progressif qu'il ne l'est aujourd'hui, il y a nécessité d'augmenter le nombre de tranches. L'impôt doit aussi être transparent et compréhensible par tous et toutes. Enfin la dernière condition au consentement est que personne ne devrait pouvoir y échapper, une lutte de tous les instants contre l'évasion et la fraude fiscale doit être engagée et décrétée priorité politique absolue par le Gouvernement* »[65]. De fait, le consentement à l'impôt est intimement lié à la répartition de la charge fiscale et à ses contreparties comme le précise Ugo Bernalicis : « *On consent d'autant plus à l'impôt qu'il nous semble juste, c'est-à-dire que tout le monde paye en fonction de ses moyens, et aussi que l'on sait à quoi il va servir* »[66].

Au-delà de la question fiscale, les principes fondamentaux du service public (égalité, accessibilité, continuité, adaptabilité) et de la protection sociale (principes d'égalité d'accès, de solidarité, « de chacun selon ses moyens, à chacun selon ses besoins » demeurent pleinement légitimes. Ils entrent en résonance avec la

---

[63] Voir notamment le livre d'Attac, *Toujours plus pour les riches*, Éditions Les Liens qui Libèrent, 2018.

[64] Entretien avec les auteurs.

[65] Entretien avec les auteurs.

[66] Entretien avec les auteurs.

Déclaration universelle des droits de l'Homme de 1948 dont on citera ici les articles suivants :

Article 22 « *Toute personne, en tant que membre de la société, a droit à la sécurité sociale ; elle est fondée à obtenir la satisfaction des droits économiques, sociaux et culturels indispensables à sa dignité et au libre développement de sa personnalité, grâce à l'effort national et à la coopération internationale, compte tenu de l'organisation et des ressources de chaque pays* ».

Article 23 : « *Toute personne a droit au travail, au libre choix de son travail, à des conditions équitables et satisfaisantes de travail et à la protection contre le chômage* ».

Article 25 : « *Toute personne a droit à un niveau de vie suffisant pour assurer sa santé, son bien-être et ceux de sa famille, notamment pour l'alimentation, l'habillement, le logement, les soins médicaux ainsi que pour les services sociaux nécessaires ; elle a droit à la sécurité en cas de chômage, de maladie, d'invalidité, de veuvage, de vieillesse ou dans les autres cas de perte de ses moyens de subsistance par suite de circonstances indépendantes de sa volonté* ».

Quelle résistance contre la « morale » libérale ?

Le néolibéralisme vise à façonner un nouveau monde, autour de la société du risque et de la généralisation de technique d'évaluation des individus, en lien avec le recours au concept de sécurité. Ce dernier est associé à la police et à la coercition envers différents types de violences, qu'elles soient insidieuses ou plus classiquement policières, et la manière dont l'autoritarisme classique de l'État régalien s'enchâsse dans des technologies politiques plus récentes. Ainsi, la conjonction entre le retour de la figure du grand chef et la nouvelle image héroïque de l'entrepreneur implique une norme de vie qui exige des individus qu'ils deviennent entrepreneurs d'eux-mêmes. Le néolibéralisme n'est pas juste une politique économique de gouvernement, il est surtout la morale décomplexée du capitalisme contemporain, que Foucault résumait ainsi : « *Il faut vivre dangereusement* ». C'est maintenant l'avènement de l'homme flexible, fluide, réactif, employable, avant tout compétitif et performant dans toutes les dimensions de sa vie. Point n'est besoin de relever les souffrances psychologiques occasionnées par cette « extension du domaine de la lutte », analysées par les sociologues du travail comme par certains artistes ou romanciers.

La rationalité néolibérale malmène les démocraties. Elle dépolitise le rapport des citoyens à l'État en soustrayant les principes économiques à la discussion et à la volonté populaires. En plaçant la performance comme critère unique de la politique, elle a l'arrogance de l'argent et la brutalité des actes et des paroles à miner les fondamentaux culturels et moraux des sociétés démocratiques. Enfin, elle recrée des hiérarchies et des chefs là où s'exerçaient la collégialité et la concertation : dans les entreprises, le milieu scolaire et éducatif, dans la famille, dans l'État, et surtout en soi-même… La seule forme de résistance et de lutte appelle à une « alter gouvernementalité » et à la naissance d'une « autre société ». Reste que la « stratégie sans stratégie » d'un appel aux citoyens à se soulever, parce qu'elle contourne le problème de la conquête de cet État, risque d'être vouée à l'impuissance politique. D'autant que le sombre pronostic de revoir, dans l'après-crise, non une remise en question du néolibéralisme mais une nouvelle phase de son développement, n'emporte pas l'euphorie ni le consentement, loin s'en faut.

II/ Pour une action publique favorisant le mieux-vivre ensemble

Quelles politiques budgétaires demain, en Europe et en France ?

La politique budgétaire comprend l'ensemble des mesures prises en matière de finances publiques (volume des recettes, nature des mesures fiscales, choix en matière de dépenses publiques) pour influencer l'activité économique et la vie sociale. Elle relève des États et, au plan local, des collectivités locales, autrement dit du pouvoir, national ou local. Elle est encadrée par des règles mises en œuvre au niveau de l'Union européenne avec la politique monétaire, elle aussi déterminée au niveau de la zone euro sous l'égide de la Banque centrale européenne.

Un cadre budgétaire européen très structurant

Le débat sur l'orientation des politiques budgétaires au sein de l'Union européenne est intense et nourri. Pour certains, il faut maintenir les règles actuelles tandis que d'autres veulent les modifier, voire en sortir. Tout est cependant affaire de conception politique. La crise de 2020 relance la question de la construction européenne. Le cadre actuel reste le suivant.

En 2011, suite à la crise de 2007-2008, le pacte de stabilité et de croissance a été amendé avec le "six-pack", puis en 2013 avec le "two-pack". D'autres critères sont alors pris en compte avant l'ouverture d'une procédure de déficit excessif : s'agissant de la dette, une procédure ne peut être lancée que si l'excès (au-delà des 60 % du PIB) n'est pas résorbé d'un vingtième par an. Enfin, en 2012, les États membres de l'Union européenne (exceptés le Royaume-Uni, la Croatie et la République tchèque) ont adopté le Pacte budgétaire européen, dénommé traité sur la stabilité, la coordination et la gouvernance (TSCG). Celui-ci prévoit une « règle d'or budgétaire » par laquelle les pays s'engagent à voter chaque année des budgets en équilibre ou en excédent. Les objectifs originels de 3 % du PIB (pour le déficit public) et 60 % du PIB (pour la dette publique) sont maintenus, mais l'enjeu principal est désormais de présenter un déficit structurel (hors conjoncture) inférieur à 0,5 % du PIB (et de 1 % pour les pays dont la dette ne dépasse pas 60 % du PIB).

Avec la crise sanitaire du coronavirus, ces critères ont été suspendus car ils sont intenables. Mais le débat est engagé sur la durée de cette suspension, leur rétablissement ou leur révision. La crise économique et sociale profonde faisant suite à la crise sanitaire conduit les États membres à ne plus les respecter pour un temps certain. Mais avec quelle issue ?

Faut-il prévoir une vague d'austérité dans de nombreux pays, comme la Grèce l'a subie après la crise de 2007-2008, au risque de plomber l'activité économique, d'empêcher la transition écologique et de causer d'immenses dégâts sociaux ?

Ou faut-il au contraire dépasser ce cadre et inventer autre chose pour ne pas faire peser la dette de cette crise sur les États et les aider à investir, notamment dans la transition écologique, la santé ou encore l'éducation, pour préparer le « monde d'après » ?
À l'évidence, la seconde voie s'impose.

Ces questions essentielles expliquent le débat sur le financement et sur l'annulation de la dette publique née de la crise. Mais aussi celles sur la nécessité d'une réforme fiscale.

Un cadre national marqué par la « LOLF »

Votée en 2001, la loi organique relative aux lois de finances (LOLF) a été mise en œuvre en 2006 et constitue un changement d'approche, de gestion et de présentation du budget. L'objectif affiché est de promouvoir une culture de résultats et de performances, mesurés dans des indicateurs qui figurent eux-mêmes dans des missions et des programmes. Les missions constituent les grands axes des politiques publiques qui regroupent plusieurs programmes, lesquels prévoient la répartition des crédits (dépenses de personnels, de fonctionnement, d'investissement, etc).

Les quatre grands principes budgétaires classiques sont maintenus. Le principe d'annualité signifie que l'autorisation budgétaire donnée à l'exécutif pour collecter les recettes publiques et mettre en œuvre les dépenses ne vaut que pour un an. Ce principe est de plus en plus adapté, voire contourné, par la stratégie pluriannuelle telle qu'elle est promue par la Cour des comptes67. Le principe de spécialité prévoit que les dépenses autorisées par le budget respectent une nomenclature budgétaire selon leur destination finale. Le principe d'unité prévoit que le budget d'une entité figure dans un document unique. Enfin,

---

[67] Rapport de la Cour des comptes, *Finances publiques : pour une réforme du cadre organique et de la gouvernance*, novembre 2020.

l'universalité budgétaire signifie que le budget doit décrire précisément l'ensemble des dépenses et des recettes. Par ailleurs, le contrôle budgétaire a pour objet d'apprécier la soutenabilité de la programmation budgétaire et la qualité de la comptabilité publique selon des préconisations et une organisation strictes.

La LOLF fait l'objet de critiques récurrentes : jugée complexe, ses indicateurs sont nombreux et elle est au fond peu lisible. Elle organise des fonctions de conception stratégique, d'exécution et de contrôle (contrôle interne, audit, suivi des indicateurs) qui engendrent des coûts importants. Le management qu'elle instaure dans les services de l'État et ses excès procéduriers, dus notamment au contrôle interne et au suivi budgétaire, instaurent une bureaucratie « Lolfienne ». Au fond, elle génère une lourdeur très éloignée de ses objectifs initiaux. Ugo Bernalicis déplore un *« pilotage à la performance, chiffrée, cœur du New public management en totale défiance de toutes les analyses quantitatives, et notamment l'apport des sciences sociales dans l'analyse des politiques publiques »* et précise le malaise ressenti par de nombreux parlementaires : *« Il n'y a qu'un contrôle parlementaire extrêmement restreint. Impossible de discuter et d'amender les indicateurs de performances par exemple. (...) Il est indispensable que nous reprenions le contrôle de la LOLF pour en faire un véritable outil de planification démocratique »*[68]. Renforcer le rôle et l'information du Parlement et instaurer des indices de qualité sont des premières pistes pour améliorer et desserrer ce cadre.

La perplexité des parlementaires a de quoi interroger puisque la LOLF était censée mieux les informer. Leurs critiques portent sur la stratégie même de l'action publique et sur la pauvre réflexion menée en amont : « *Il semble que, dans certains programmes, faute d'une analyse stratégique approfondie quant aux finalités poursuivies, on assiste à un décalage de cette réflexion vers le niveau inférieur, celui des objectifs. (...) L'administration (...) a souvent réfléchi, dans l'ordre, aux*

---

68 Entretien avec les auteurs.

indicateurs dont elle disposait, puis aux objectifs et, enfin, à une stratégie.[69] »

Au-delà de la philosophie même de la « performance », revoir la façon dont sont construits et gérés ces indicateurs est indispensable. Car la stratégie doit prioritairement partir des besoins. Quant à la mesure de l'activité, elle pourrait s'effectuer par des « indices » (éventuellement consolidés pour tenir compte de la diversité et de la complexité de l'action publique) qui remplaceraient les indicateurs et les objectifs actuels, vécus comme devant être atteints coûte que coûte, et de plus en plus souvent au détriment du service public lui-même.

Des enjeux immenses pour les finances publiques

L'objectif central est d'éviter une austérité budgétaire qui provoquerait des dégâts immenses. Pour cela, plusieurs voies sont possibles et peuvent se combiner. Outre une réforme fiscale telle que nous la dessinons ici, il faut poser la question de l'annulation d'une partie de la dette et/ou de sa transformation en dette perpétuelle et, plus largement, celle du mode de financement de la dette par la Banque centrale européenne. Ceci peut supposer d'en changer le rôle et de la rendre responsable devant le Parlement européen. Et également de modifier la conception des finances publiques et les règles européennes qui les régissent, surtout dans un contexte de crise.

Pour Pierre Larrouturou, *« aucun pays ne pourra s'en sortir seul, surtout avec les règles budgétaires européennes actuelles »*[70]. Un changement d'approche se traduirait par un soulagement budgétaire qui permettrait de réorienter les politiques afin de faire de la justice fiscale, sociale et climatique la priorité. Eric Bocquet résume ainsi les enjeux : *« il faut ouvrir le débat en grand sur tous ces sujets, il nous faut contester la tutelle des marchés financiers sur les États, il s'agit ni plus ni moins que le peuple reprenne les choses en mains pour construire*

---

[69] Rapport d'information de la Commission des finances de l'Assemblée nationale sur la mise en œuvre de la Lolf, mars 2005.

[70] Entretien avec les auteurs.

un autre avenir, un monde plus solidaire et fraternel. Il n'y a aucune fatalité à ce que nous vivions de telles inégalités de richesse dans notre société »[71].

Pour une nouvelle « gouvernance » internationale

La gouvernance financière et fiscale internationale est complexe. Par principe, elle devrait relever de l'Organisation des Nations Unies. Tel n'est pas le cas. C'est l'OCDE, parfois taxée de club des pays riches, qui, en lien avec le G20, joue un rôle prépondérant. Les organisations supranationales comme l'Union européenne jouent leur rôle, tout comme certaines institutions spécialisées (le Groupement d'action financière en matière de lutte contre le blanchiment par exemple).

La gouvernance mondiale est perfectible. La crise de 2007-2008 n'a pas débouché sur un big bang que beaucoup réclament de longue date et qui pourrait retrouver une actualité avec la crise issue du coronavirus. Certaines voix se font entendre pour réclamer une nouvelle architecture mondiale[72]. Elles font écho à l'idée d'une COP21 fiscale et financière défendue par Eric Bocquet[73], laquelle rejoint la proposition portée par le tax justice network : instaurer une gouvernance de l'ONU et favoriser une vision mondiale d'une fiscalité juste.

Austérité, dette, concurrence fiscale : tirer les leçons du passé

Nous l'avons souligné : les difficultés de ces dernières années peuvent s'expliquer par le développement et les dérives du capitalisme financier (déréglementation, dumping, etc). Celles-ci ont fait gonfler les dettes publiques alors que les acteurs privés que sont les entreprises ont laissé la part belle aux investissements financiers au détriment des investissements

[71] Entretien avec les auteurs.

[72] « Dette et Covid 19 : il faut soutenir des allègements de dettes Pour une nouvelle architecture économique mondiale qui serve les populations et la planète », tribune collective, Libération, 29 septembre 2020.

[73] Alain et Eric Bocquet, *Sans domicile fisc*, Éditions du Cherche Midi, 2016.

productifs et, dès lors, ne se sont plus endettés « en termes net ». À contrario, les ménages ont eu tendance à épargner. De manière générale, l'endettement privé a augmenté et, dans le même temps, les gouvernements ont subi un gonflement de leur dette publique. Tel un Léviathan, la bulle spéculative et l'instabilité financière se répondent et se nourrissent l'une l'autre.

Que provoquent les politiques austéritaires ? Nous en tirons désormais quelques enseignements. Ainsi, la récession ne permet pas de réduire la dette publique. Quelle pourrait être une autre solution ? Selon Stephan Schulmeister[74], il s'agirait de créer un Fond monétaire européen (FME) qui financerait les pays membres en émettant des euro-obligations garanties par les pays et la BCE. Sa caractéristique résidant dans le fait de maintenir un taux d'intérêt de long terme inférieur au taux de croissance. Selon son étude statistique, ce dispositif engendrerait une meilleure croissance et surtout des ratios de dette plus faibles que ceux issus des politiques austéritaires. Mais une question demeure : est-il possible pour l'Europe de s'harmoniser sur les objectifs à atteindre en matière de déficit public ?

Cessons de diaboliser la dette

La dette publique est utilisée pour culpabiliser la population : elle pèserait sur nos enfants, la charge de la dette nous paralyserait, elle absorberait la totalité du produit de l'impôt sur le revenu, etc. Pour les libéraux, il n'y aurait qu'un seul moyen pour la réduire : couper dans les dépenses publiques, l'endettement privé étant jugé légitime puisqu'il permettrait de produire de la richesse. Or, les administrations publiques produisent également de la richesse. Par ailleurs, la dette publique permet de soutenir l'activité et d'investir pour l'avenir. Notons ici qu'en 2013, les administrations françaises ont payé 45,5 milliards d'intérêts, mais le déficit, financé par émission de dette, a été de 89 milliards : si la France avait renoncé à la dette, elle aurait dû se priver de 43,5 milliards de financements.

---

[74] Stephan Schulmeister, « Pour un Fonds Monétaire Européen, un problème systémique requiert une solution systémique », 2009.

Il est légitime de financer les investissements publics par du déficit public. C'est la véritable « règle d'or » des finances publiques. L'État ne doit pas seulement se préoccuper de sa propre situation financière, mais aussi de l'équilibre macroéconomique, de la situation sociale et désormais, de l'environnement. Dans une situation de récession économique, où les ménages épargnent beaucoup par crainte de l'avenir, consomment peu car leur niveau de vie est affaibli par la montée du chômage, où les entreprises investissent peu car la demande est faible, il est également légitime d'avoir un déficit public plus important que ce qui est préconisé notamment au niveau européen.

Est-ce là le « modèle » idéal ? On répondra par la négative au regard de la dette publique, malade du libéralisme. La crise de 2007-2008 l'a fortement gonflée : l'État a initié des mesures de relance via un soutien financier et a enregistré des pertes de recettes fiscales. La crise de la Covid-19 l'a faite exploser. Mais la dette avait déjà augmenté auparavant. En France, elle est passée de 21 % du PIB seulement en 1979 à 64 % en 2006, et ce sous la combinaison de quatre effets majeurs.

L'effet taux d'intérêt. À partir des années 1980, les taux d'intérêt réels ont été supérieurs aux taux de croissance (c'est l'effet « boule de neige »). Ce haut niveau des taux d'intérêt a pesé sur la demande, contraignant l'État à maintenir un fort déficit.

La financiarisation. Selon le discours dominant, Paris se devait d'être une grande place financière, notre modèle économique et social devant sortir des archaïsmes (les prétendus archaïsmes ? Une retraite par répartition plutôt que des fonds de pension et les HLM plutôt que les crédits subprimes par exemple), ceci n'empêchant pas de financiariser la dette publique. Pour ce faire, l'État s'est placé sous la coupe des marchés financiers et des agences de notation. Cette politique a internationalisé le financement de la dette publique française entraînant ainsi sa détention par des non-résidents.

L'effet recettes fiscales. Les recettes fiscales ont été réduites par des « cadeaux fiscaux » offerts surtout aux plus riches et aux grandes entreprises, par plusieurs mécanismes que sont : la concurrence fiscale, l'évasion et l'optimisation fiscales. Les riches bénéficient d'effets d'aubaine, ils ont payé moins d'impôts, ce qui a creusé les déficits, puis ils ont financé ces déficits avec rétrocession des intérêts. Citons ici le rapport du Collectif pour un audit citoyen de la dette publique publié en 2014 selon lequel 59 % de la dette publique proviennent des cadeaux fiscaux et des taux d'intérêt excessifs75.

L'effet PIB. Les politiques d'austérité contractent l'activité, ce qui engendre une baisse des recettes. Or, moins d'activité, c'est moins de recettes de TVA, d'impôt sur le revenu, d'impôt sur les sociétés, de cotisations sociales, etc. Ce qui est communément admis à tort, en croyant gagner par la baisse des dépenses publiques, on le perd de l'autre, par la chute des recettes fiscales. L'effet PIB joue ici un rôle majeur dans la mesure où sa baisse fait corrélativement augmenter le rapport dette/PIB. On peut donc montrer que toute baisse de la dépense publique est néfaste puisqu'elle creuse la dette…

Même le FMI en convient[76], le « multiplicateur budgétaire » est élevé, beaucoup plus qu'il ne le prétendait. Ce qui revient à dire tout euro de baisse des dépenses publiques diminue l'activité de nettement plus de 1 euro[77]. L'État doit donc impérativement continuer à soutenir l'activité économique.

La dette publique joue un rôle social et économique. Une précaution importe : celle de l'émettre dans des conditions soutenables, ce qui implique notamment que la Banque centrale européenne (BCE) en garantisse les titres voire qu'elle les achète, quitte à en mutualiser une partie. Ce tabou de l'endettement commun est tombé lors du sommet européen de juillet 2020, pour une somme encore faible vu les enjeux. De manière générale, cette question s'articule avec les politiques monétaires et

---

[75] Rapport du CAC, *Que faire de la dette ? Un audit de la dette publique en France*, mai 2014.

[76] IMF Working Paper, Research Department, *Growth Forecast Errors and Fiscal Multipliers*, Olivier Blanchard and Daniel Leigh, janvier 2013.

[77] Voir le contre-rapport des Économistes atterrés, *Faut-il réduire les dépenses publiques ? Gare aux pompiers pyromanes,* février 2017.

budgétaires. L'ancien Premier Ministre Lionel Jospin en n'écartant a priori aucune possibilité : *« Des pistent existent : réduire les gaspillages par une revue des politiques publiques, en évitant de confier l'orientation à la direction du budget ; prévoir des augmentations d'impôt réservées aux plus riches et une collecte fiscale en ce qui concerne les multinationales, laisser l'inflation, peu menaçante aujourd'hui, remonter au-delà de l'objectif de 2 % d'augmentation annuelle qui guide la BCE ; envisager l'émission auprès des particuliers d'un grand emprunt public, éventuellement perpétuel, avec une rémunération supérieure à celle qu'offrent les marchés financiers ; tabler, dans quelques années, sur un rééchelonnement de la dette, voire à des annulations »*[78].

Actifs publics, dette privée, une dette publique à replacer dans le contexte

Si la question de la dette publique est souvent dramatisée, celle des actifs détenus par les administrations publiques n'est malheureusement que rarement évoquée. Or, ils constituent bel et bien une richesse qui figure d'ailleurs au bilan de la comptabilité nationale et dont hérite les jeunes générations. Ceux-ci n'héritent donc pas seulement de dettes mais aussi d'un patrimoine et d'actifs publics... Selon l'association « FIPECO », qui rassemble des hauts fonctionnaires, *« Le patrimoine net des administrations publiques, différence entre le total des actifs et le total des passifs, vaut 345 Md€, soit 14,2 % du PIB, à la fin de 2019 »* [79]. Il est donc important de ne pas appauvrir les administrations publiques par la cession de leurs actifs.

Plus largement, le ratio de dette des agents non financiers privés (ménages et entreprises non financières) est sensiblement supérieur à celui de la dette publique : en mars 2020, à la veille de la crise sanitaire, il s'élevait à 138,3 % du PIB en France, 148,5 % au Royaume-Uni, 152,2 % aux États-Unis ou encore

---

[78] Lionel Jospin, *Un temps troublé*, Éditions du Seuil, 2020.

[79] *Les actifs des administrations publiques*, Les fiches de l'encyclopédie, septembre 2020 disponible sur le site fipeco.fr.

120,8 % dans la zone euro[80]. Ce taux augmente dans tous les pays avec la crise qui s'est ouverte en 2020 en raison d'une part, des besoins de trésorerie auxquels agents privés font face et d'autre part, à cause de la baisse du PIB. Au second trimestre 2020, le taux d'endettement du secteur privé non financier de la zone euro représentait en moyenne 127,6 % du PIB81.

La hausse de la dette privée inquiète, à juste titre. Si l'endettement est nécessaire à l'investissement, *« la montée du taux d'endettement des entreprises privées s'avère particulièrement inquiétante dès lors que cette dette n'est que marginalement consacrée au financement de l'investissement »* 82. La crise de 2007-2008 a montré qu'il existait un risque majeur vu l'ampleur des crédits octroyés aux ménages et aux entreprises. Surtout si une partie d'entre eux n'est pas remboursée du fait des pertes de revenus dues au chômage, de la hausse du nombre d'entreprises en faillite et de la hausse des taux d'intérêt. Et tout cela, sans compter sur l'impact éventuel des bulles spéculatives alimentées par la titrisation sur le déclenchement d'une potentielle crise systémique, comme celle des subprimes (ce qui plaide pour une véritable réglementation des activités financières). Avec un soutien de l'argent public, on assisterait une nouvelle fois à un mouvement de privatisation des profits et de socialisation des pertes et la dette publique s'en trouverait à nouveau affectée.

Une dette à rembourser, annuler ou restructurer ?

L'orientation générale préconisée ici est simple : la question de la dette publique ne doit pas nuire à la prise en charge des besoins. Il faut éviter l'austérité dont les dégâts humains,

---

[80] Banque de France, « Taux d'endettement des agents non financiers privés, comparaisons internationales », article du 26 août 2020 disponible sur le site de la Banque de France.

[81] Banque de France, « Taux d'endettement des agents non financiers - Comparaisons internationales », novembre 2020.

[82] Liêm Hoang-Ngoc, « Crédits : la dette des entreprises sera-t-elle à l'origine de la future crise ? », Marianne, 9 janvier 2020.

écologiques et économiques sont connus. L'exemple dramatique de la Grèce est là pour le rappeler. D'autant que les dettes publiques ne se dégonflent pas sous l'effet de l'austérité, laquelle n'aboutit finalement qu'à creuser la stagnation et la déflation (la baisse généralisée du niveau des prix) et provoque de facto la hausse des taux d'intérêt réels par rapport à un taux de croissance affaibli. Nous effectuerons ici un passage en revue des différentes propositions.

Le gouvernement a affirmé que toute dette devait être remboursée, y compris la dette née de la crise de la Covid-19. Celle-ci ferait l'objet d'un traitement spécifique en raison de son caractère exceptionnel. Or, un remboursement de tout ou partie de la dette implique des recettes. C'est ce qui conduit par exemple à plaider en faveur d'une réforme fiscale plus équilibrée, faisant davantage appel aux agents économiques les plus aisés. Un cantonnement de la « dette Covid » peut également s'accompagner de la mise en œuvre d'une contribution spécifique qui épargnerait l'immense majorité des ménages et des petites et moyennes entreprises. Celle-ci pourrait solliciter les acteurs qui ont bénéficié de la crise, comme les acteurs du commerce en ligne par exemple, les plus grands groupes et les ménages les plus riches. Mais d'autres pistes, plus ou moins complémentaires, sont possibles pour éviter l'austérité.

Certaines voix préconisent l'émission d'une dette (non perpétuelle) au nom de l'Union européenne. Les sommes récoltées seraient placées dans le nouveau fonds européen de relance puis distribuées, sous forme de subventions, aux différents États membres, en fonction de leurs besoins et des projets. Une telle émission de dette serait assortie de taux d'intérêt les plus bas possible. C'est le sens de la proposition portée par la France et l'Allemagne en mai 2020 par laquelle l'endettement européen vise à financer des mesures environnementales et sanitaires. Cette proposition, débattue et revue lors du sommet européen de juillet 2020, brise un tabou : celui de l'endettement commun. Si le montant de celui-ci et ses modalités pratiques font débat, encore faut-il qu'il ne comporte pas de contrepartie imposée par certains États jugés « rigoureux », sous la forme d'une austérité future. Car bien que commun, cet endettement est prévu pour être remboursé.

Il existe d'autres voies, plus novatrices : « *La dette n'est pas faite pour être remboursée, elle est faite pour être gérée. De la même façon que l'on avait la monnaie fiduciaire, il faudrait inventer le concept de dette fiduciaire* » selon Christian Boulais[83]. Pour Dominique Plihon, « *il y a un débat sur l'impact de l'annulation de la dette sur les fonds propres de la Banque centrale européenne. Mais une annulation partielle de la dette est possible, de manière conditionnelle, notamment si la dette future sert à financer des investissements publics et à verdir la politique au sein de l'Union européenne. Il faut s'opposer au discours visant à rembourser toute la dette, coûte que coûte. Il est important que la BCE puisse racheter des dettes publiques nationales* » et, surtout, « *que les banques centrales contrôlent et régulent les dettes publiques afin qu'elles ne soient pas totalement dans les mains et sous pression des marchés* »[84]. Une approche similaire à celle de Pierre Larrouturou pour qui ; « *ce débat n'est pas récent, en 2012, nous plaidions avec Michel Rocard pour que la BCE ait le droit de prêter aux États afin de court-circuiter les marchés financiers et d'empêcher la spéculation sur les titres émis par les États et que ceux-ci financent leurs services publics dans de bonnes conditions, c'est-à-dire à taux très faible. Il faut éviter de reproduire ce que la Grèce a connu. Les risques de remontées des taux d'intérêt seraient neutralisés. On est d'ailleurs dans une telle phase que les banques centrales ne vont pas augmenter les taux* »[85].

La transformation en dette perpétuelle gérée au plan national est parfois avancée. Un titre de dette perpétuelle est émis par un État comme un titre de dette classique. Les investisseurs cèdent donc un capital à cet État. Mais, à la différence des dettes amortissables actuelles, ce capital ne sera jamais remboursé. En contrepartie, l'État s'engage à verser un intérêt fixe ou non au

---

[83] Ancien secrétaire général du Syndicat national unifié des impôts.

[84] Entretien avec les auteurs.

[85] Entretien avec les auteurs.

détenteur de l'obligation à perpétuité. Il reste possible de retrouver le capital en cédant le titre à un autre agent économique.

Une dette perpétuelle européenne allégerait pour sa part la charge sur les États. La BCE achèterait des titres publics de dette. Elle pourrait ensuite en transformer l'échéance en une dette « perpétuelle » qui ne serait jamais remboursée. Ceci conduirait à une quasi-annulation de la dette et permettrait sa mutualisation à l'échelle des pays de la zone euro, au-delà de ce qui a été décidé en juillet 2020.

La question d'un emprunt national auprès des ménages à un taux attractif est également posée. Mais dans un contexte incertain, il peut se heurter à la méfiance des épargnants. De même, la discussion sur la création de monnaie est passionnée. Si certaines voix mettent en garde sur le risque d'inflation et de hausse des taux d'intérêt, Dominique Plihon rappelle que ce risque est *« limité »* mais surtout, que, *« depuis la crise de 2007-2008, il y a eu des injections massives de liquidité sans impact sur l'inflation mais cet argent s'est retrouvé sur les marchés, ce qui montre la nécessité de cibler et de rendre conditionnelles les interventions de la BCE »*.

La relation entre politique fiscale et dette publique recèle d'autres facettes. Les plus aisés disposent d'une propension à épargner qui croît avec leur revenu. En plaçant une partie de leur épargne dans les bons du Trésor, ils reçoivent une rémunération de l'État, leur débiteur. Mais celui-ci leur accorde également des baisses d'impôts. Par ailleurs, il se livre à des privatisations, lesquelles offrent de nouvelles opportunités de placements rémunérateurs. Il s'agit là d'une redistribution à l'envers. Cette situation justifie d'autant plus une réforme fiscale à l'image de celle que nous portons ici.

Au fond, tout nous ramène à l'impératif d'éviter l'austérité, à l'adaptation du rôle de la BCE (qui peut aussi relever la cible de l'inflation et privilégier le plein emploi), à la nécessaire fin du rôle des marchés financiers dans la détermination des taux d'intérêt, et aux choix sociaux, économiques et écologiques assurant un avenir meilleur. Cela pose par ailleurs la question d'une réforme fiscale, quoiqu'il arrive.

III/ La justice fiscale pour mieux vivre ensemble : pourquoi, comment ?

La justice fiscale contre la concurrence fiscale

Il existe différentes conceptions de la « justice fiscale ». Certains y voient une fiscalité qui favorise à tout prix l'économie et qui reste la plus basse possible. D'autres estiment qu'un système fiscal est juste s'il est consenti, permet de financer correctement et durablement l'action publique, réduit les inégalités et agit sur les comportements dans le but de servir la cohésion sociale et la préservation de l'environnement. Nous nous rangerons ici résolument dans cette acceptation. Ceci explique les réflexions et propositions portées ici. Il est par conséquent essentiel de neutraliser la compétition fiscale et sociale pour permettre de rééquilibrer les systèmes fiscaux, de renforcer le consentement à l'impôt, de soulager les « bases immobiles », de neutraliser les effets pervers de la financiarisation de l'économie et de dégager des marges de manœuvres pour financer des politiques publiques efficaces. Tels sont les principaux défis que les orientations fiscales proposées ici contribueraient à relever.

Harmonisation européenne : pour un « serpent fiscal européen »[86]

À l'évidence, les politiques menées au sein de l'Union européenne sont au cœur des enjeux. Pour le député européen Pierre Larrouturou ; *« si on veut éviter une catastrophe sociale dramatique, la stratégie budgétaire européenne devra être à la hauteur pour éviter la hausse du chômage et de la pauvreté, pour*

---

[86] Syndicat national unifié des impôts, *Pour un serpent fiscal européen*, Éditions Syllepse, 2005.

financer la transition écologique, ce qui constituent les deux priorités devant la relance économique »[87]. Une orientation partagée par Ugo Bernalicis pour qui « *sans ressources propres suffisantes, ce seront aux États de rembourser ce plan de relance, et donc in fine aux peuples européens. Il faut à tout prix éviter cela, car le risque est de mettre encore plus de pression sur leurs budgets déjà austéritaires. Nos propositions en la matière ne manquent pas : mécanisme de taxe aux frontières, taxe sur les transactions financières, impôt temporaire sur les profiteurs de crise, etc. (...) Cela permettra de financer le plan de relance et le budget européen, mais également un « Pacte vert européen » ambitieux »*[88]. Posée ainsi, la place des finances publiques, et notamment des politiques fiscales, apparaît centrale.

Comment en finir avec les déséquilibres qui minent les recettes publiques et nourrissent l'injustice fiscale ? À l'image du serpent monétaire européen qui limitait les écarts de fluctuation de taux de change, un « serpent fiscal européen » permettrait de limiter les écarts entre les systèmes fiscaux, d'instaurer des règles communes et d'engager un processus d'harmonisation fiscale européenne. Cette idée fait son chemin, elle est parfois reprise et discutée. Le Conseil d'analyse économique et plusieurs responsables politiques ont ainsi évoqué la perspective d'un *«tunnel de taux»*[89]. Pour la députée Émilie Cariou, *« on pourrait imposer une fourchette de taux, il faut avancer là dessus pour ne pas se contenter d'avoir les mêmes règles en matière d'assiette. Il faut être cohérent face à la concurrence fiscale et sociale car l'Europe ne doit pas être un espace de concurrence fiscale et sociale. De ce point de vue, une fourchette de taux sur l'ACCIS* (NDR : assiette commune et consolidée de l'impôt sur les sociétés) *amoindrirait la concurrence fiscale. Et pour les entreprises européennes, de telles règles permettraient d'être plus forte face à la concurrence des États-Unis ou de la Chine par exemple »*[90]. Un tel dispositif viserait à neutraliser la

---

[87] Entretien avec les auteurs.

[88] Entretien avec les auteurs.

[89] CAE, *Renforcer l'harmonisation fiscale en Europe*, note n° 14, juillet 2014.

[90] Entretien avec les auteurs.

concurrence fiscale et sociale et permettrait d'engager un processus d'harmonisation fiscale. Il reposerait sur une « assiette commune et consolidée » (ACCIS) « améliorée », une harmonisation de la TVA, la création d'impôts européens et une coopération efficace pour combattre l'évasion fiscale.

L'impôt sur les sociétés, un enjeu majeur

L'harmonisation des bases de l'impôt sur les sociétés est un projet ancien qui ne porte cependant pas sur les taux. Les premières discussions sur le sujet remontent à 2001, le projet ayant été véritablement lancé en 2011. Plus récemment, deux propositions de directives du 25 octobre 2016 portant sur l'établissement d'une assiette commune pour l'impôt sur les sociétés (ACIS) et d'une assiette commune consolidée pour cet impôt (ACCIS) ont été élaborées par la Commission européenne. Ces textes visent d'une part, à unifier l'assiette de l'impôt sur les sociétés (ACIS), c'est-à-dire à appliquer les mêmes règles de détermination du bénéfice imposable et, d'autre part à la consolider (ACCIS), c'est-à-dire à répartir cette assiette des entreprises transnationales entre les États membres sur la base de critères objectifs mesurés par pays : le nombre de salariés, la masse salariale, les actifs et le chiffre d'affaires. Cette consolidation aurait pour avantage de supprimer la possibilité pour les entreprises transnationales de transférer, à l'aide de divers montages, la plus grande part de leurs profits taxables européens dans des États membres à fiscalité allégée. Il resterait ensuite aux États à appliquer leurs taux sur la quote-part du bénéfice leur revenant.

En tant que telle, l'ACCIS est intéressante mais insuffisante. Il faut aussi prévoir qu'elle soit assortie d'un taux minimum pour instaurer ainsi ce que nous nommons ici une ACCIS « améliorée ». En effet, les différences entre les taux nominaux sont peu révélatrices du poids réel de l'impôt sur les sociétés du fait des différences dans le mode de détermination du bénéfice imposable et l'existence de régimes spécifiques ou de niches fiscales). Avec des assiettes harmonisées mais sans « taux plancher », la concurrence fiscale se poursuivrait sur les taux car elle serait transparente, les différences de taux reflétant alors les différences réelles d'imposition. Et les taux continueraient de baisser. Instaurer un tel taux plancher est donc nécessaire. Pour Christian Eckert, « *un impôt sur les sociétés minimal avec une base commune serait une première réponse. L'enjeu central est de travailler les bases, de répondre à certains défis (sous capitalisation, entités et produits hybrides)* ».

Ceci implique toutefois de tenir compte de la situation des États membres (qui présentant différents taux, faciaux et réels) avant un éventuel basculement vers l'ACCIS « améliorée » que nous préconisons ici. Lors de son éventuelle instauration, le taux plancher pourrait être différent d'un État à l'autre et déterminé en fonction du poids de l'impôt sur les sociétés (IS) rapporté aux PIB des États membres avant sa mise en place. Ceci permettrait de stopper la course vers le bas de l'impôt sur les sociétés et d'éviter la création d'un taux plancher général unique vers lequel tendraient les États qui présenteraient un taux plus élevé. De la sorte, il serait possible de sécuriser le niveau des recettes fiscales de chaque État-membre. En outre, sur la base de cette ACCIS « améliorée », et pour aider au financement du budget européen, un IS européen pourrait être instauré dans l'esprit de ce qui l'Independent Commission for the Reform of International Corporate Taxation (ICRICT) préconise au niveau mondial[91]. Cette ACCIS améliorée et cet IS européen intégreraient la dimension numérique.

Au-delà, il s'agit de mettre fin au principe de pleine concurrence applicable aux manipulations de prix de transfert. En fin de compte, les gouvernements pourraient remplacer le système de prix de transfert actuel et le principe de pleine concurrence par un système qui imposerait les sociétés multinationales sur la base de leurs bénéfices consolidés. Les droits d'imposition de chacun des États (qui ne pourraient donc pas descendre sous le taux plancher qui leur serait fixé) seraient

[91] ICRICT, *Taxer les multinationales : L'ICRICT appelle à un impôt minimal mondial ambitieux*, 9 décembre 2019.

bien entendu préservés et répartis entre les États sur la base de cette ACCIS « améliorée ».

L'harmonisation de la TVA, à court terme...

L'harmonisation européenne de la TVA intracommunautaire constituerait le second pilier de notre « serpent fiscal européen ». Il modifierait le principe actuel selon lequel les livraisons intracommunautaires de biens, expédiés ou transportés d'un État membre à un autre, sont exonérées en France et les acquisitions intracommunautaires de biens, expédiés ou transportés à destination d'un État membre, sont imposables dans cet État-membre.

Ce système donne lieu à une fraude importante, notamment la fraude dite « carrousel », une part importante de la fraude globale à la TVA. Celle-ci affecte le budget des États et celui de l'Union européenne (qui perçoit un prélèvement de 0,3 % de la TVA perçue par les États membres). La Commission déplore d'ailleurs un important « écart TVA », soit la mesure de la fraude qui matérialise la différence entre les recettes théoriques attendues de la TVA et les recettes réellement enregistrées. En 2016, cet écart était de 147 milliards d'euros au niveau de l'Union européenne, dont environ 20 milliards qui manquaient à la France.

Le plan d'action TVA établi par la Commission européenne, proposé dans une communication au Parlement européen du 7 avril 2016, acte l'abandon du principe du lieu unique de taxation au profit d'un régime définitif fondé sur le principe de taxation dans l'État membre de destination des biens, couplé avec celui du lieu unique de déclaration. Sa mise en œuvre, initialement prévue pour 2021, pourrait permettre de taxer la livraison intracommunautaire, qui serait nommée livraison intra-union, au taux du pays d'arrivée des biens. Le vendeur serait redevable de cette TVA auprès du Trésor local. Il resterait à s'assurer de sa mise en œuvre effective dans tous les États et pour tous les échanges. Par ailleurs, l'explosion du commerce en ligne, qui donne lieu à une fraude importante, estimée entre 2 et 5 milliards d'euros92, a conduit à changer les règles en 2021.

Enfin, au sein de l'Union européenne, le poids relatif de la TVA (qui représente environ la moitié des recettes fiscales des États membres) mériterait de diminuer dans un rééquilibrage global qui revaloriserait les impôts directs. On peut alors envisager un « taux plafond » de la TVA fixé au niveau des taux actuels pour, à tout le moins, empêcher des hausses futures. Élargir la réflexion supposerait la mise en œuvre de taux zéro sur les produits de première nécessité (ce que les textes européens n'autorisent pas actuellement). Ces questions, toujours sans réponse, sont aujourd'hui posées avec une acuité certaine. Pour Thierry Lambert : *« On peut envisager un taux 0 (au lieu du taux à 2 %) pour un certain nombre de produits de première nécessité, baisser à 5 % (au lieu de 10 %) le taux applicable aux biens et services (transport de voyageurs). À l'inverse on pourrait peut-être reprendre l'idée d'un taux majoré (30 %) sur un certain nombre de produits (dits de luxe) dont la liste pourrait être dressée par décret. Il faut aussi se méfier des baisses sectorielles des taux. Par exemple la baisse du taux de TVA dans la restauration a surtout permis de reconstituer des marges et n'a pas profité à l'emploi. Par ailleurs, la fraude reste un problème à ce jour non résolu »*[93].

Des impôts européens pour un budget digne de ce nom

Des impôts européens sont également indispensables pour alimenter et revaloriser le budget européen. Sur une base harmonisée, outre un impôt sur les sociétés européen calculé sur une ACCIS améliorée, une véritable taxe sur les transactions financières sur l'ensemble des transactions, y compris sur le *trading* à haute fréquence, est nécessaire. Il en va de même de la

[92] Note d'Attac, « Amazon, Cdiscount, eBay, Wish… Fraude massive à la TVA sur les places de marché des acteurs du e-commerce », 3 décembre 2020.
[93] Entretien avec les auteurs.

proposition de contribution européenne sur le patrimoine des plus aisés, poussée par des économistes de renom[94].

Pour Camille Landais, Gabriel Zucman et Emmanuel Saez, un ISF européen appliqué aux patrimoines de plus de 2 millions d'euros « *permettrait de lever chaque année un montant équivalent à 1,05 % du PIB de l'Union pour éponger en une dizaine d'années les dettes supplémentaires liées au coronavirus* »[95]. Cette orientation est partagée par Pierre Larrouturou : « *Le budget européen doit être revalorisé. Faisons un parallèle avec le Président américain Roosevelt qui, en 1933, avait triplé le budget fédéral. Comme il le souhaitait à l'équilibre, il a engagé une politique fiscale adaptée qui visait à neutraliser le dumping fiscal entre États en créant un impôt fédéral sur les bénéfices. Pour financer le budget européen, on peut mobiliser de nouvelles recettes, comme une taxe sur les transactions financières européennes, un impôt sur les sociétés européen et un impôt sur les milliardaires européens, qui sont les trois principaux leviers à actionner même si cela peut être abondé par une taxe sur le digital ou une éventuelle écotaxe, même si leur rendement serait sensiblement inférieur aux trois autres* »[96].

Parmi ces impôts européens à mettre en œuvre figure la fameuse taxe sur les transactions financières. Longtemps rejetée et critiquée par le discours dominant, cette proposition de taxe s'est imposée dans l'opinion et chez de nombreux responsables politiques, notamment après la crise de 2007-2008. L'importance de la spéculation financière et les dégâts qu'elle a causés, le besoin de ressources des États et la sensibilité des opinions à l'injustice fiscale ont amené certains gouvernements à estimer qu'il fallait taxer la finance. Mais sans toutefois que les déclarations aient été suivies d'effets réels. Au reste, outre que de

[94] Vox Cepr Policy Portal, *A progressive European wealth tax to fund the European COVID response*, Camille Landais, Emmanuel Saez, Gabriel Zucman, 03 avril 2020.

[95] Coronavirus : le rétablissement de l'ISF à nouveau en débat, La Croix, édition du 22 avril 2020.

[96] Entretien avec les auteurs.

nombreux pays se refusent à appliquer cette taxe, espérant attirer des richesses sur leurs territoires, les taxes de ce type qui existent comportent de nombreuses exonérations et n'atteignent pas les objectifs fixés par les promoteurs de ce projet : affaiblir la spéculation, rediriger la finance vers de réels investissements et dégager des ressources publiques.

Les leçons de la crise de 2007-2008 n'ont donc pas été tirées. La crise globale découlant de la crise sanitaire et les défis sociaux et environnementaux auxquels nos sociétés font face sont pourtant autant de raisons qui ajoutent à la nécessité d'instaurer une véritable taxe sur les transactions financières. Concrètement, deux projets sont possibles.

On peut envisager d'améliorer l'actuelle taxe sur les transactions financières pour en élargir l'assiette et empêcher toute possibilité d'éviter le paiement de cette taxe. En France, la taxe sur les transactions financières créée en 2012 exonère le *trading* à haute fréquence. Pratiqué à très grande échelle, il nourrit une spéculation déstabilisatrice. L'idée de cette taxe est de la neutraliser97. La tâche n'est pas aisée car il faut couvrir l'ensemble des marchés (marchés des produits dérivés et marchés des devises y compris) et des titres financiers, et supprimer toutes les exemptions. L'orientation à privilégier est donc d'avoir l'assiette la plus large possible et le plus grand nombre d'États et de territoires dans le champ de la taxe pour empêcher son contournement via des produits et des domiciliations hors de son champ. Ce qui suppose que les administrations fiscales disposent de l'information nécessaire pour identifier les transactions et contrôler la taxe.

On peut aussi envisager la création d'une taxe sur les paiements. Ce projet, issu des travaux de Edgar Feige[98], est ambitieux puisqu'il vise ni plus ni moins qu'à remplacer tout ou partie de la TVA et, en s'appliquant à tous les paiements, d'intégrer dans son champ l'ensemble des transactions

[97] Voir la note de l'association Attac, *Le moment est venu d'appliquer une véritable taxe sur les transactions financières*, décembre 2020.

[98] Edgar L. Feige, « Taxation for the 21st century: the automated payment transaction (APT) tax », *in Economic Policy Journal,* vol. 31, 2000.

financières. Il n'y aurait aucune exemption, l'assiette serait le plus large possible. Selon Ekeland et Rochet, en France, *« une microtaxe de 0,5 % sur tous les paiements scripturaux de détail récolterait environ 69 milliards d'euros »* [99], un montant comparable à celui de l'impôt sur le revenu. Ceci suppose de rééquilibrer l'ensemble du système fiscal pour que les impôts directs, nationaux et européens, deviennent le pilier des politiques fiscales.

Ajoutés aux ressources existantes, de sorte que le budget européen soit nettement rehaussé, ces impôts européens permettraient à l'Union européenne de financer des investissements favorisant notamment la réduction des inégalités, l'aide aux plus pauvres et la transition énergétique. La crise issue du coronavirus a relancé ce débat qui concerne l'évolution et l'avenir de l'Union européenne. Bien entendu, compte tenu des intérêts divergents des États membres, notre « serpent fiscal européen » risquerait de ne pas faire l'unanimité, qui est requise en matière de fiscalité. On peut cependant imaginer une négociation globale sur l'ensemble de ces sujets pour promouvoir une coopération renforcée afin de mettre en œuvre ce dispositif dans au moins 9 États membres.

Le défi du numérique

Dans un ambitieux programme destiné à résoudre les défis fiscaux soulevés par la numérisation de l'économie, l'OCDE propose une révision des règles fiscales internationales, singulièrement celles de l'abandon du critère de la présence physique et l'introduction d'un seuil d'imposition minimum. Certaines des mesures envisagées ont pour ambition de concerner toute entreprise ayant une activité internationale. Ce plan a été validé en juin 2019 par les Ministres des Finances du G20. Il marque le début du Cadre inclusif sur l'érosion de la base d'imposition et le transfert des bénéfices (BEPS) qui rassemblait 137 pays en 2020, censé favoriser une prise de décision mieux

---

[99] Ivar Ekeland et Jean-Charles Rochet, *Il faut taxer la spéculation financière*, Éditions Odile Jacob, 2020.

coordonnée et une rapide mise en œuvre. Les discussions sont difficile, l'échec des négociations à l'automne 2020 repoussent une éventuelle application du projet que l'OCDE espère voir aboutir en 2021… La Commission européenne espère qu'un accord sera trouvé, mais n'exclut pas de travailler à sa propre directive, qui pourrait intégrer les enjeux liés à la monnaie électronique et aux cryptos-actifs.

L'objectif est de relever les défis de l'économie numérique et d'organiser la réflexion autour de deux piliers susceptibles de former la base d'un consensus sur une juste répartition du droit d'imposer les bénéfices provenant d'activités transfrontalières à l'ère du numérique. Il s'agit d'imposer les richesses là où elles ont été créées et de renouer avec les principes fondamentaux de l'impôt. D'où l'utilité par ailleurs de poursuivre les travaux sur les notions de présence digitale significative et d'adapter la notion d'établissement stable au numérique pour relocaliser l'impôt sur les sociétés. Et ce, en intégrant cette approche dans une éventuelle imposition au stade du groupe dans le cadre d'une taxation unitaire que nous aborderons plus loin.

Le premier pilier, comment évincer le critère de la présence physique

Le premier pilier part du constat que la présence physique d'une entreprise dans un pays autre que son pays d'origine ne peut plus être retenu comme seul critère de référence pour assujettir tout ou partie des bénéfices de cette entreprise à l'impôt sur les sociétés dans cet autre pays au titre de ses activités numériques.

Plusieurs propositions ont été formulées pour réallouer le droit d'imposer les bénéfices tirés de ces activités ; soit à la juridiction dans laquelle se situent les utilisateurs (approche fondée sur la « *participation de l'utilisateur* »), soit à celle dans laquelle se situe le marché (approche fondée sur les « *biens incorporels de commercialisation* »), ou encore à celle avec laquelle l'entreprise interagit volontairement et dans la durée, par le biais de technologies numériques et autres outils automatisés (approche fondée sur la « *présence économique significative* »). Ces propositions ont été soumises aux différents acteurs externes lors d'une consultation publique aux mois de février et mars 2019[100]. Il en est ressorti que les deux premières approches avaient la faveur des parties prenantes, ce que le programme de travail entérine en précisant que, bien que les trois approches présentent des différences majeures, elles tendent toutes vers la réattribution de l'imposition d'une partie des bénéfices aux juridictions dites de marché (celles dans lesquelles se trouvent les consommateurs et/ou utilisateurs).

Le programme envisage les modalités concrètes à explorer en vue de déterminer le niveau de profit qui pourrait être alloué aux juridictions de marché en application de cette nouvelle approche. Certaines des méthodes envisagées avaient déjà été présentées dans le Rapport final d'octobre 2015 sur l'Action 1 du Projet BEPS : deux sont fondées sur le partage des bénéfices mondiaux du groupe, l'une tenant compte de l'ensemble des bénéfices (méthode de répartition fractionnaire des bénéfices), l'autre uniquement des bénéfices résiduels, c'est-à-dire des bénéfices générés par des actifs incorporels de grande valeur (méthode de partage des bénéfices résiduels). Quelle que soit l'assiette retenue, l'impôt serait déterminé en fonction d'une clé de répartition qui doit être déterminée dans le cadre des travaux en cours. Doit-elle être assise selon différentes méthodes que celle du chiffre d'affaires réalisé localement ? Ou encore sur le nombre d'utilisateurs locaux ? La dernière envisagée serait fondée sur les bénéfices tirés des activités de marketing et de distribution dans les juridictions de marché.

Au-delà, le programme s'attache à présenter des mesures de prudence nécessaires à l'équilibre du système, toute solution devant être appliquée et gérée par les administrations fiscales comme par les contribuables dans le respect des principes

---

[100] OCDE 2019, Document de consultation publique, *Relever les défis fiscaux soulevés par la numérisation de l'économie,* 13 février-6 mars 2019, OCDE/G20 Cadre inclusif sur BEPS, OCDE, Paris.

conventions fiscales bilatérales. À cette fin, le Cadre inclusif propose d'examiner la pertinence d'appliquer la nouvelle approche par secteur d'activité et/ou par zone géographique, de travailler à la délimitation du champ d'application des nouvelles règles ainsi qu'à la définition de règles spécifiques au traitement des pertes.

En vue de mettre en œuvre cette nouvelle approche visant à réallouer une part de profit aux juridictions de marché, le programme préconise de déterminer s'il est nécessaire de créer un nouveau concept de présence taxable ou de source de revenus, ou s'il suffit de modifier la définition de l'établissement stable contenue dans les conventions fiscales internationales. Le programme prévoit enfin d'explorer les modalités d'élimination des doubles impositions qui résulteraient de ces nouvelles règles, ainsi que la manière la plus efficace de modifier les conventions fiscales bilatérales.

Le second pilier, ou comment fiscaliser les « zones grises »

Il s'agit là d'une approche globale de lutte contre l'érosion de l'assiette fiscale (GloBE : global anti-base erosion proposal) qui va au-delà des activités numériques, centrée sur l'introduction d'un taux minimum d'imposition. Plusieurs règles, interdépendantes, sont ici envisagées.

La première mesure consisterait en un impôt minimum appliqué à une entité liée étrangère, lorsque son impôt local est inférieur à un certain seuil. Cette règle s'inscrit dans la taxe GILTI introduite aux États-Unis fin 2017 par le Tax Cuts and Jobs Act et dénote l'intérêt du gouvernement américain pour la question, lequel plaide désormais pour une application de ces mesures à des entreprises autres que celles du numérique, comme celles de la distribution, en considérant que la valeur de toute entreprise réside dans ses données numériques.

La deuxième mesure consisterait en la non-déductibilité de certains paiements, et l'application d'une retenue à la source, lorsqu'ils sont réalisés vers des juridictions dans lesquelles le taux d'imposition est inférieur à un certain seuil.

Enfin, le plan propose l'introduction, dans les conventions fiscales bilatérales, d'une règle d'imposition minimale pour l'octroi de la protection conventionnelle. Selon l'OCDE, au plan mondial, ces deux piliers représenteraient 60 à 100 milliards de dollars de recettes supplémentaires[101].

Et dans le monde d'après...

Il semble nécessaire de mener des études d'impact des propositions techniques dans la mesure où le gain pour certains États n'est pas flagrant et peut engendrer un dissensus. C'est là que pèsent de tout leur poids de « petits États » à l'économie ouverte, comme Singapour, qui pourraient figurer au rang des perdants si les droits d'imposer étaient alloués aux grandes juridictions de marché. De nombreuses questions relatives à la compatibilité des propositions avec les règles du droit international demeurent. Plus largement, il reste à étudier dans quelle mesure les propositions affecteraient les choix des contribuables, en matière de stratégie, et des administrations, au regard de la souveraineté et de la concurrence fiscales. Macro-économiquement, il reste à évaluer le coût de cette réforme et ses conséquences sur l'investissement et l'activité économique.

Qualifiée d'ambitieuse par certains, d'insuffisante par d'autres (avec 500 millions d'euros en 2020 et 350 millions en 2019), la « taxe GAFA » peut apparaître comme un outil de négociation voire un début de réponse provisoire dans l'attente d'une solution au niveau international. On peut s'interroger sur ce qu'il en adviendrait si elle se révélait efficace. Nous ne pouvons qu'espérer qu'elle devienne impossible à déloger du droit interne dans un contexte où la juste répartition de l'imposition des revenus des activités transfrontalières à l'ère du numérique est un défi contre le temps ! Si elle n'a pas fait l'unanimité dans l'Union européenne, preuve des intérêts contradictoires et de l'intense concurrence fiscale au sein de

---

[101] Tax challenges from digitalisation : a global two-pillar could increase tax revenues and support economic activity, Communiqué de l'OCDE du 20 octobre 2020.

l'Union européenne, elle aura au moins eu le mérite de mettre en exergue la nécessité d'une réforme intégrant la dimension numérique. Et plusieurs États européens ont adopté ou envisagent à court terme une taxe sur les « géants » du numérique : Royaume-Uni, l'Autriche Italie, République Tchèque et Espagne.

Aller plus loin, vers une taxation unitaire au niveau mondial ?

Stopper d'une part, la course néfaste vers le bas de l'imposition des sociétés et d'autre part, les stratégies d'évitement de l'impôt, doit être une préoccupation mondiale. Dans le cadre du mandat du G20, le plan de l'OCDE visant à en finir avec l'érosion des bases imposables à l'impôt sur les sociétés (plan BEPS) veut répondre aux principaux défis fiscaux de la période comme l'amélioration de la coopération (par l'échange automatique d'informations mis en place dans 97 pays) ou l'adaptation de la fiscalité à la numérisation de l'économie et à l'optimisation agressive. Mais il fait aussi l'objet de critiques.

Ce plan résulte de discussions complexes, mais ne prend pas suffisamment en compte les réalités économiques des multinationales, ni les déséquilibres fiscaux. Pour l'Independent Commission for the Reform of International Corporate Taxation (ICRICT)102, *« la proposition de l'OCDE ne va pas assez loin »* car il introduit *« une complexité encore plus grande laissant largement en place le système dysfonctionnel actuel de prix de transfert »*. L'ICRICT rejette ainsi *« la proposition de distinguer les bénéfices routiniers (c'est-à-dire générés localement) des résiduels (générés au niveau international) des multinationales »*. Rappelons que, selon Gabriel Zucman, *« 40 % des bénéfices réalisés à l'étranger par les multinationales sont transférés dans des paradis fiscaux »*.

[102] Communiqué de presse de l'ICRICT du 15 novembre 2019.

L'ICRICT estime que, si la proposition de l'OCDE devait être maintenue, le taux d'imposition minimal devrait à tout le moins se situer à 25 % et non à 12 à 13 % comme cela a été proposé103. Une préoccupation que souligne le rapport de l'Assemblée nationale consacré à « l'espace fiscal européen » qui rappelle que « *dans sa résolution du 18 décembre 2019 sur une fiscalité équitable dans une économie numérisée et mondialisée, le Parlement européen a toutefois invité la Commission à évaluer et à surveiller l'incidence de cette future norme minimale sur une diminution potentielle générale du taux légal d'impôt sur les sociétés dans l'Union européenne* »[104]. L'ICRICT propose également que les règles de répartition des bénéfices soit plus ambitieuses afin d'intégrer notamment l'emploi, ce qui serait plus favorable aux pays en développement. Elle appelle enfin à une publication d'analyse d'impact de la proposition de l'OCDE, ce qui est légitime.

Pour mettre en conformité la fiscalité et la réalité économique, il faudrait considérer les multinationales comme une entité unique et non comme un ensemble d'entités indépendantes les unes des autres qui, au nom du principe de pleine concurrence, se livrent à une optimisation d'ampleur grâce au jeu des prix de transfert, voire à de la fraude en manipulant ceux-ci. L'imposition se ferait alors sur les bénéfices globaux consolidés des groupes multinationaux. Il resterait à définir une clé de répartition entre les pays pour répartir le bénéfice mondial consolidé. Celle-ci pourrait s'appuyer sur trois éléments : les ventes réalisées, les emplois et les actifs immobilisés (à l'instar de l'ACCIS « améliorée »).

Cette taxation unitaire des bénéfices des multinationales ne remettrait pas en cause la souveraineté des États, qui conserveraient la possibilité d'appliquer leur taux d'imposition sur la quote-part du bénéfice leur revenant. Au taux minimal de

---

[103] Rapport OCDE/G20 base erosion and profit shifting project, *Tax challenges arising fron digitalation, Report on the Pillar two Bleuprint,* octobre 2020.

[104] Rapport de la Commission des affaires européennes de l'Assemblée nationale sur *l'espace fiscal européen*, juillet 2020.

25 % (ou un taux plancher pays par pays en fonction du rapport entre l'IS et le PIB), elle limiterait la concurrence fiscale.

Elle permettrait, enfin et surtout, de mettre la fiscalité en adéquation avec la réalité économique, de sorte que les entreprises paient leurs impôts dans les pays où leurs profits sont générés. Les États dégageraient des ressources supplémentaires substantielles. Dans son étude publiée en juin 2019, le Centre d'études prospectives et d'informations internationales (CEPII) évaluait ainsi à 36 milliards d'euros, pour l'année 2015, la sous-déclaration fiscale des entreprises multinationales en France, en raison du transfert artificiel des bénéfices dans les paradis fiscaux105. La taxation unitaire serait une mesure efficace qui permettrait d'éradiquer l'évasion fiscale en taxant les multinationales dans les pays où elles réalisent effectivement leurs activités : on peut estimer qu'une bonne part de ces 36 milliards d'euros par an seraient « récupérables »106.

Et la fiscalité écologique, dans tout ça ?

En matière de fiscalité écologique, si le principe du pollueur-payeur est aujourd'hui acquis, il reste souvent inappliqué voire inadapté aux bouleversements en cours. Les lois de finances successives en sont les illustrations. La sécurité environnementale et la transition écologique doivent être revus et les coûts anticipés par une nouvelle fiscalité pénalisant toute action nocive pour l'environnement et la société.

Dans notre révolution fiscale, la justice environnementale est liée à la justice sociale. Pour ce faire, réduire la « fracture fiscale » est objectivement essentiel dans la mesure où les agents économiques ayant les revenus les plus élevés, qui réduisent leur impôt sous l'effet des stratégies de défiscalisations, sont aussi ceux qui se comportent le plus oisivement sur le plan

[105] *L'évitement fiscal des multinationales : combien et où ?*, La Lettre du CEPII, n° 400, juin 2019.

[106] Rapport de ATTAC France et ATTAC Allemagne, *La taxation unitaire pour lutter contre l'évasion fiscale des multinationales*, juillet 2019.

environnemental : « montre moi ton SUV, je te dirai qui tu es » ! Leur empreinte carbone est en effet plus élevée : ils sont plus consommateurs de transports, etc [107]. Mais cette « troisième révolution industrielle et environnementale » [108] n'est que balbutiante en 2020[109]. Le cadre de référence mérite de changer : un État social écologique digne de ce nom pourrait utiliser des indicateurs de bien-être et de soutenabilité visant à compléter, voire dépasser, le PIB. Dans ce cadre, une nouvelle fiscalité doit naître et devenir un des fondements de l'État social écologique, qui pourrait s'asseoir sur la prévention, la protection et le soutien.

La *prévention* s'impose tout d'abord. Le monde de demain, celui « des plus deux degrés », sera le démiurge de catastrophes environnementales dont nous ne pouvons que scénariser les effets. Il est acquis que les plus vulnérables sont et seront les grandes victimes de ces dérèglements. Le risque social repose par nature sur les plus fragiles et les plus démunis. D'après l'Organisation mondiale de la santé (OMS), une majorité des maladies contemporaines trouveraient leur origine dans des nuisances et pollutions environnementales. Selon Edwin Zaccaï [110], ces impacts peuvent être subis (du fait d'une dégradation de l'environnement ou d'une inégalité sociale, comme dans les domaines de la santé ou du logement) ou générés (par les comportements humains et les politiques adoptées).

Avec l'augmentation des dérèglements climatiques, cet impact va croissant. Au-delà, l'essor des catastrophes naturelles fragiliserait davantage les plus précaires, des catégories sociales qui se voient d'ailleurs progressivement exclues des mécanismes d'assurance. Le coût social des dégâts environnementaux pèse

---

[107] Les 10 % les plus riches ont une empreinte carbone deux fois plus forte (2,11) que les 10 % les plus modestes. Les ménages les plus aisés comportant moins de personnes, le rapport par personne passe même à 3,9 (source : OFCE).

[108] Jeremy Rifkin, « Comment la troisième révolution industrielle va créer une économie verte » », blog du Huffington Post, 28 octobre 2015.

[109] On notera pour la première fois la publication d'un rapport sur l'impact environnemental du budget de l'État annexé au projet de loi de finances 2021.

[110] Edwin Zaccaï et Tom Bauler, *Environnement et inégalités sociales*, Éditions Université de Bruxelles, 2007.

donc lourdement sur les systèmes sociaux, sans que l'anticipation ni le fruit de nouveaux moyens financiers ne soient assurés. Des mécanismes de *protection* doivent donc être mis en place par les pouvoirs publics afin d'éviter l'aggravation des inégalités, notamment environnementales.

Une mesure minimale pourrait considérer la redistribution d'une véritable taxe carbone, suivant la vulnérabilité quant aux risques environnementaux et en fonction du revenu. Les ménages se verraient bénéficier de cette redistribution d'une taxe carbone, sous forme d'une allocation mensuelle par exemple. Une sorte de « chèque climat » qui inciterait les ménages à la transition et serait source d'économies sur leur consommation d'énergie, tout en s'alignant sur les objectifs environnementaux. Une mesure égalitaire de *soutien* pourrait consister à faire bénéficier les plus exposés, donc les plus fragiles, des allègements fiscaux au regard de leur exposition au risque environnemental. Cette forme de solidarité serait incitative et pédagogique et permettrait de regagner en équité sociale.

Par ailleurs, en matière de fiscalité écologique, l'emploi des dépenses fiscales doit être mesuré, si ce n'est prohibé, car les aides directes semblent plus efficaces. Les dépenses fiscales ont d'ailleurs fait l'objet de critiques sévères, notamment de la part du Sénat, qui dénonce « *des aides à la rénovation des logements peu efficaces et qui produisent des effets d'aubaine mal évalués* » et des *« dépenses fiscales relatives aux transports qui sont majoritairement défavorables à l'environnement et représentent des montants financiers importants »*[111]. Il faut donc supprimer celles qui ont un impact négatif sur l'environnement, soit une bonne partie de ces niches dont le coût est évalué à 11 milliards d'euros en 2021[112], quitte à ce que cette suppression soit progressive pour organiser et accompagner la transition des secteurs concernés.

---

[111] Rapport du Sénat, *L'efficience des dépenses fiscales relatives au développement durable*, novembre 2016.

[112] Voir le *rapport sur l'impact environnemental du budget de l'État* annexé au projet de loi de finances 2021.

Le débat est ouvert sur d'autres outils fiscaux venant en complément des politiques publiques écologiques. La réflexion peut par exemple porter sur d'autres outils comme une taxe aux frontières de l'Union européenne (qui alimenterait le budget européen) en fonction de l'évaluation de « l'import carbone » ou encore une taxe liée aux kilomètres parcourus afin d'inciter à la relocalisation des activités. Cela peut constituer une alternative aux droits de douane ou un complément, selon le choix politique. Pour les sites industriels français soumis au marché carbone européen, instaurer une taxe carbone complémentaire serait légitime.

Enfin, l'instauration d'un quota annuel d'émission carbone à ne pas dépasser pour les entreprises est également possible à la condition qu'il soit impossible de délivrer des quotas gratuitement (en 2017, 97,4 % des émissions de CO2 par l'industrie française, hors électricité, étaient couverts par des quotas gratuits). L'objectif de ce type de mesure est de faire en sorte que chaque tonne de carbone soit taxée. On peut aussi envisager d'utiliser l'épargne pour aider au financement de projets à faible ou zéro intensité carbone. S'agissant des aides de l'État aux entreprises, hors aides d'urgence aux entreprises en réelle difficulté, il est légitime de les conditionner à la réduction des émissions de gaz à effet de serre.

Reste posée la question de l'évaluation et du contrôle de ces conditions, comme celles allouées dans le cadre des contrats de transition écologique dont bénéficient certaines collectivités territoriales. De manière générale, c'est bien l'orientation générale des choix politiques qui doit organiser la transition écologique et garantir la préservation de l'environnement. Dans ce cadre, les finances publiques ont un rôle à jouer pour réaliser les investissements nécessaires. La fiscalité a un rôle à jouer mais ne peut pas être le seul outil en matière écologique.

En finir avec l'approche néolibérale du « double dividende ».

La fiscalité environnementale est souvent présentée comme devant s'accompagner d'une baisse des impôts et charges (pour baisser le coût du travail notamment) afin que le niveau global des prélèvements obligatoires n'augmente pas. Ceci est censé dégager un « double dividende » qui favoriserait tout à la fois l'emploi (le premier dividende) et l'environnement (le second dividende). Or, l'assiette de la fiscalité écologique est en quelque sorte « biodégradable » car il s'agit de réduire la pollution, donc *in fine* le rendement de cette fiscalité. Or, si l'on instaure une fiscalité écologique efficace en baissant certains prélèvements au rendement « durable » (les cotisations sociales, l'impôt sur le revenu) pour compenser la création d'une fiscalité écologique au rendement temporaire, l'action publique connaîtra un problème de financement. Mais si la fiscalité écologique n'est pas efficace, elle prendra la forme d'impôts indirects sur la consommation, aggravant l'injustice fiscale.

Réformer et adapter les impôts d'État : possible et souhaitable

Pour une réforme aux objectifs clairs

Rendre le système fiscal plus simple, plus juste et plus stable : le défi parait immense et l'objectif inatteignable. Il est pourtant nécessaire, légitime et possible. Il répond aux attentes d'une large part de la population, mesurées aussi bien dans les enquêtes d'opinion[113] que dans les expressions de certains mouvements sociaux comme celui des « Gilets jaunes ». Certes, le contexte, marqué par une crise intense, une ouverture des économies et une forte concurrence fiscale et sociale, pourrait laisser croire qu'il

[113] Un sondage de l'IFOP paru en mars 2019 estime ainsi que *« Le lien entre impôt et citoyenneté majoritairement perçu comme un élément de justice fiscale ».*

n'est pas possible de réformer le système fiscal national. En réalité, il n'en est rien, pour plusieurs raisons.

Malgré le cadre fixé par l'Union européenne, les États conservent l'essentiel de leurs prérogatives en matière de fiscalité, notamment de fiscalité directe. Ils disposent également de marges de manœuvre en matière de fiscalité indirecte même si là, le processus de convergence européen est plus structurant. Par ailleurs, et de manière générale, en Europe comme dans le reste du monde, l'activité économique dépend de nombreux facteurs, plus ou moins imbriqués les uns aux autres. La question de l'attractivité par exemple ne dépend pas que de la fiscalité. La France reste par exemple un pays sûr et attractif dans bien des domaines. La qualité du système de soins et de la protection sociale, l'efficacité de l'action publique, la taille du marché, le positionnement géographique, la formation, mais aussi la productivité de la main-d'œuvre, sont autant de facteurs qui rendent la France historiquement attractive. Et ce, en dépit des discours alarmistes voire déclinistes en la matière. Même en expurgeant les investissements dits « fantômes » qui faussent leur analyse (*« des investissements qui transitent par des coquilles vides, aussi qualifiées d'entités à vocation spéciale, qui n'ont aucune activité réelle »*[114]), les investissements directs étrangers en France restent importants en comparaison des autres pays. En d'autres termes, la France est globalement attractive, et de longue date.

Impossible ici de ne pas répondre à un argument, avancé pour s'opposer à une réforme fiscale, selon lequel la fiscalité française présente des taux élevés qui rendraient impossible une réforme autre que la baisse des prélèvements. Certes, l'une des particularités de la fiscalité française est de présenter des taux élevés (des taux « faciaux ») mais aussi d'offrir de nombreux dispositifs dérogatoires : les dépenses fiscales (ou « niches fiscales ») et certains régimes qui bénéficient aux sociétés,

---

[114] Jannick Damgaard, Thomas Elkjear, Niles Johannesen, « L'explosion des investissements fantômes », in *Revue Finances et développement,* septembre 2019.

notamment les plus grandes. Dénoncer des taux faciaux élevés n'enseigne ainsi pas grand chose si l'on n'analyse pas la base à laquelle ils s'appliquent et si l'on ne compare pas le poids de chaque impôt dans la richesse nationale. Mieux vaut raisonner alors en taux réels, ou en taux effectifs, lesquels sont sensiblement inférieurs aux taux faciaux.

En la matière, le cas de l'impôt sur les sociétés est révélateur. Il existe plusieurs taux réduits d'imposition (pour les PME mais aussi sur certaines opérations, en matière de propriété intellectuelle notamment), des niches fiscales et des régimes particuliers qui abaissent le poids réel de l'impôt sur les sociétés. Le même raisonnement prévaut pour l'impôt sur le revenu : les taux effectifs, calculés en effectuant le rapport entre ce qui est effectivement payé par apport aux revenus, sont moins élevés que les taux de son barème.

Si l'on souhaite une fiscalité plus simple, plus stable et plus juste, un travail de fond sur les assiettes des impôts est indispensable. Le mieux serait alors de procéder à une revue de toutes les dépenses fiscales et des dispositifs dérogatoires, autrement dit de toutes les « niches fiscales ». Le but serait d'examiner leur coût, leur efficacité et l'impact sur l'imposition réelle. Ceci permettrait de supprimer des dispositifs inefficaces, ou trop peu efficaces, ou encore trop utilisés dans les stratégies d'optimisation fiscale, voire de réformer ceux qui peuvent être efficaces. Les assiettes des impôts s'en trouveraient élargies et les impôts seraient plus rentables. L'imposition des revenus et des patrimoines serait également plus progressive et on pourrait supprimer les écarts de taux d'imposition entre PME et grandes entreprises. Car réduire les possibilités d'optimiser ne pénaliserait pas (ou marginalement) les classes moyennes ni les petites et moyennes entreprises, mais les plus aisés et les grandes entreprises.

Les impôts seraient également plus stables, car avec moins de dispositifs de ce genre, les textes fiscaux comporteraient moins de conditions dont les niches sont assorties. Or elles sont parfois complexes, changent souvent, ce qui alimente l'instabilité et la complexité du système fiscal. Celui-ci serait enfin plus efficace. Il serait possible d'utiliser le rendement dégagé afin de mieux cibler les aides directes en direction des secteurs qui le nécessitent.

Renforcer la progressivité de l'imposition des revenus

La moitié des dépenses fiscales concerne l'impôt sur le revenu. Certaines bénéficient à de nombreux contribuables sans même qu'ils le réalisent, comme l'exonération des intérêts des livrets réglementés. D'autres bénéficient, pour de faibles montants, à un grand nombre de personnes comme en matière de dons. Mais il en existe qui sont utilisées par une frange réduite de la population, souvent aisée, sans que leur utilité ait été démontrée, et/ou qui procurent un effet d'aubaine. Il en va ainsi des dispositifs permettant de réduire son impôt grâce à certains placements immobiliers, financiers ou tout simplement pour l'emploi d'un salarié à domicile. Le crédit d'impôt pour emploi d'un salarié à domicile présente un coût budgétaire de 4,8 milliard d'euros en 2019. La réduction d'impôt moyenne est d'environ 1 150 euros. En abaissant son plafond, il est possible de dégager près de 1 milliard d'euros sans pour autant supprimer le dispositif et sans pénaliser 90 % de ses bénéficiaires. L'emploi domestique ne serait pas affecté mais l'économie serait moindre pour les plus aisés (qui ont moins besoin de ce dispositif que les autres). Notons par ailleurs que les dispositifs successifs concernant l'immobilier ont été souvent coûteux sans démontrer leur efficacité. Mettre fin au dispositif « Pinel » dégagerait environ 745 millions d'euros (son coût budgétaire en 2019).

On l'aura compris, renforcer la progressivité de l'impôt passe en priorité par l'élargissement des bases imposables. Il est cependant possible de faire mieux, en réformant également le barème de l'impôt sur le revenu afin que les taux réels d'imposition soient plus élevés pour les plus hauts revenus et en supprimant au passage la contribution sur les plus hauts revenus. Cela passerait par la suppression du prélèvement forfaitaire unique pour que tous les revenus (revenus financiers et plus-values financières) soient imposés au barème progressif. On peut ensuite envisager, soit de conserver le système actuel du taux marginal (un taux s'applique à chaque tranche, on additionne ensuite les résultats de chaque tranche pour calculer l'impôt), soit d'appliquer un barème comportant des tranches assorties de taux effectif (le taux global de l'impôt est directement déterminé en fonction de la tranche) comme proposé dans la *« révolution fiscale »*[115]. Il resterait à préciser ce barème progressif qui doit permettre de réduire les inégalités de revenus et/ou de dissuader le versement de trop hauts revenus et/ou encore de dégager des recettes : certains préconisent un taux effectif de 60 %[116] et d'autres proposent un plafonnement des revenus rendu possible par un taux marginal très élevé, à l'instar de ce que les pays anglo-saxons pratiquaient auparavant[117].

On peut conserver et améliorer le caractère incitatif de l'impôt. En matière de fiscalité de l'épargne par exemple (outre qu'il n'y aurait aucune raison d'imposer les intérêts des livrets réglementés), un système d'abattement sur l'imposition des plus-values à long terme favoriserait l'investissement et la transition écologique. De manière générale, les incitations bénéficieraient à tous et seraient ciblées pour être efficaces. Une évaluation serait régulièrement faite des quelques dispositifs maintenus.

Il reste à aborder la question sensible du quotient familial et de l'imposition conjointe. Instauré en 1945 pour soutenir la démographie française, le quotient familial a vu son avantage fiscal se réduire sous le quinquennat Hollande, il s'insère dans une politique familiale plus développée que dans la plupart des autres pays mais ne bénéficie qu'à une partie de la population, la plupart des non-imposables n'en bénéficiant pas. L'imposition conjointe est aussi l'objet de critiques : elle constitue par exemple

---

[115] Thomas Piketty, Emmanuel Saez, Camille Landais, *Pour une révolution fiscale*, Édition du Seuil, 2011.

[116] Thomas Piketty, Emmanuel Saez, Camille Landais, *Pour une révolution fiscale*, Édition du Seuil, 2011.

[117] Fondation Copernic, *Vers une société plus juste, manifeste pour un plafonnement des revenus et des patrimoines*, Éditions Les Liens qui Libèrent, 2019.

un frein à l'emploi de femmes[118] et ne correspondrait plus au modèle familial actuel. Une refonte globale peut soit utiliser les unités de consommation de l'INSEE[119], soit instaurer une imposition individualisée accompagnée d'un forfait d'un égal montant par enfant afin de rendre le système équitable. Un tel système doit cependant s'articuler avec les prestations familiales.

Le prélèvement à la source pour un impôt contemporain ?

Lors de la mise en place du prélèvement à la source, ses partisans avançaient l'intérêt de pouvoir gérer l'impôt en temps réel. Mais en réalité, du fait du quotient familial, de l'imposition conjointe et des nombreuses niches fiscales (dont certaines font l'objet d'une avance partielle en janvier), l'impôt sur le revenu n'est pas réellement contemporain. Pour qu'il le soit, il faudrait l'individualiser et réduire le nombre de « niches » puis organiser un mode de paiement qui ne transiterait pas par la fiche de paie mais s'organiserait directement entre le contribuable (via son compte bancaire) et l'administration. Il s'agirait là d'un mode de paiement moderne, ce que le prélèvement à la source n'est pas[120].

Réformer l'architecture de l'imposition des revenus n'interdit pas de repenser son articulation avec la contribution sociale généralisée (CSG). Avec un rendement brut de 126,7 milliards d'euros en 2019 contre 71,7 milliards d'euros pour l'impôt sur le revenu, elle demeure, et de loin, le prélèvement sur le revenu le plus important. Plusieurs raisons l'expliquent : elle est calculée sur le revenu brut (diminué d'un abattement de 1,75 %), ne comporte pas de quotient familial et ne prévoit pas de niche, sauf quelques taux réduits et exonérations. Elle est affectée à la Caisse nationale d'assurance maladie, à l'Unedic et à la branche famille

[118] Christiane Marty, « Fiscalité des ménages, pour une remise à plat du quotient conjugal », site de la Fondation Copernic, 30 mars 2014.

[119] Les parts et demi-parts actuelles seraient remplacées par les unités de consommation : 1 pour le premier adulte, 0,5 pour les autres personnes de plus de 14 ans, 0,3 pour celles jusqu'à 13 ans.

[120] Inspiré des autres pays, le PAS a été instaurée en 1920 en Allemagne (un PAS existait déjà depuis le début du 19e siècle en Prusse), en 1943 aux États-Unis, en 1944 en Grande Bretagne et en 1962 en Belgique.

de la Sécurité sociale et est partiellement déductible de l'impôt sur le revenu.

On ne peut simplement envisager de rendre la CSG plus progressive, car une partie étant déductible de l'impôt sur le revenu, cela pourrait affaiblir ce dernier. Mieux vaut donc envisager un rééquilibrage visant à rendre l'imposition globale des revenus (IR et CSG) plus progressive. Le projet n'est certes pas simple : le débat entre les partisans et les opposants à une fusion de ces deux prélèvements fait rage. Or, entre une « fusion globale » et une réforme séparée des prélèvements, une alternative est possible. Elle prendrait la forme d'une contribution citoyenne déclarative sur les revenus remplaçant la CSG et l'impôt sur le revenu, elle serait assise sur une assiette commune, comporterait un barème progressif et préserverait l'affectation distincte des recettes, sociales d'une part, fiscales d'autre part. Une loi organique garantirait la coexistence de deux prélèvements : une contribution sociale et une contribution fiscale. Chaque tranche d'imposition serait composée de deux taux : une tranche de revenu au taux de 10 % serait par exemple constituée de 5 % de contribution sociale et de 5 % de contribution fiscale pour garantir des affectations budgétaires distinctes afin de préserver deux budgets séparés. Les quelques incitations fiscales qui seraient maintenues n'affecteraient que le rendement de la cotisation fiscale.

Cette contribution rendrait le système fiscal plus lisible et universel : presque tous les foyers fiscaux y seraient assujettis sans pour autant que l'immense majorité paie davantage qu'avec les deux prélèvements actuels (actuellement, moins de la moitié des foyers fiscaux paient l'impôt sur le revenu). Elle renforcerait le consentement à l'impôt, un enjeu majeur de la période.

Repenser l'imposition du patrimoine

Le débat sur le retour de l'impôt de solidarité sur la fortune (ISF) ou l'instauration d'un nouvel impôt sur le patrimoine des plus aisés a été relancé avec la crise sanitaire. Ce débat n'est pas seulement français, il traverse de nombreux pays. Face à la hausse des inégalités, le Fonds monétaire international posait déjà en 2017 ouvertement la question des *« taux d'imposition au sommet de la répartition des revenus »*[121]. Au début de la crise sanitaire, il recommandait *« une hausse des taux pour les tranches supérieures de l'impôt sur le revenu, de la taxe foncière et de l'impôt sur la fortune, peut-être au moyen d'un impôt de solidarité »*[122].

En France, l'acteur Vincent Lindon a proposé au printemps 2020 une « taxe Jean Valjean », insistant sur la notion de solidarité financière des plus riches pour aider les plus pauvres à surmonter une crise d'ampleur. Plusieurs économistes, responsables politiques et observateurs se sont exprimés en ce sens. Le gouvernement l'a refusée. Il suffit d'évoquer le retour d'un impôt sur le patrimoine des plus aisés pour voir revenir l'argument d'un exil fiscal massif qui ruinerait la France, un argument déjà utilisé voici plus d'un siècle par les conservateurs qui s'opposaient à la création d'un impôt progressif sur le revenu. Or, l'ISF n'a pas provoqué un tel phénomène.

Les données fournies par la Direction générale des finances publiques montrent ainsi qu'en moyenne, entre 1997 et la fin de l'ISF actée en 2017, seuls 0,2 à 0,3 % des redevables de l'ISF quittaient le territoire chaque année (pour des raisons fiscales mais aussi personnelles et professionnelles). Le comité d'évaluation de la fiscalité du capital[123] précise par ailleurs à propos du patrimoine des « exilés fiscaux » que *« ce montant d'actif net imposable des redevables de l'ISF partant chaque année reste faible si on le compare à l'actif net de l'ensemble des redevables de l'ISF : il en représente environ 0,3 % entre 2004 et 2010, 0,5 % de 2011 à 2013, 0,4 % en 2014 et 2015. Cette part redescend à 0,2 % en 2016 et à un minimum de 0,1 % % en 2017 ».* Certains redevables reviennent après quelques années

[121]IMF Fiscal Monitor, *Tackling inequality*, octobre 2017.

[122] FMI, Fiscal affairs, *Série spéciale sur les mesures budgétaire face à la Covid 19. Questions fiscales : vue d'ensemble,* avril 2020.

[123] Comité d'évaluation des réformes de la fiscalité du capital, *Premier rapport*, France Stratégie, octobre 2019.

passées à l'étranger et paient à nouveau l'ISF. Selon le comité, *« sur la période 2004-2016, l'ISF payé par les redevables de retour en France a oscillé entre 0,05 % et 0,21 % des recettes d'ISF »*. Pour être complet, il aurait aussi fallu dénombrer les étrangers riches installés en France et payant l'ISF. L'impact de « l'exil fiscal » lié à l'ISF sur les recettes budgétaires est marginal.

Aucune étude ne fait par ailleurs ressortir d'impact sur une baisse de l'investissement, ce qui s'explique aisément. Lorsqu'un redevable quitte le territoire, la perte théorique maximum pour l'économie se réduit à son patrimoine financier investi sur le territoire (sachant au surplus que les résidents les plus fortunés n'investissent pas que dans l'économie française) puisque le patrimoine immobilier reste sur le territoire. Or, une partie de ce patrimoine financier de ceux qui ont quitté la France y reste investie. Et tous ne sont pas des investisseurs : le départ de spéculateurs n'est pas une mauvaise nouvelle.

Instaurer un ISF rénové est donc nécessaire. Mais son assiette doit être plus large que celle de l'ancien ISF, qui comportait plusieurs niches fiscales. Ceci suppose également de définir précisément la notion de « biens professionnels », qui continueraient d'être exonérés, pour éviter l'optimisation dont l'ancien ISF était l'objet, notamment en matière de détention des valeurs mobilières de sociétés par certains dirigeants. Une telle assiette ne comporterait pas de dispositif de type exonération partielle ou totale des actions détenues dans le cadre d'un « pacte d'actionnaires ». Applicable au-delà d'un certain montant de patrimoine net (déduction faite des dettes), assorti d'un barème progressif et prévoyant un abattement sur la résidence principale exprimé en montant (de l'ordre de 400 000 voire 500 000 euros) et non en pourcentage (30 % dans l'ancien ISF et avec l'impôt sur la fortune immobilière), il serait plus rentable, plus lisible et plus juste que l'ancien ISF. Il concernerait également peu de contribuables (approximativement, le 1 % des résidents fiscaux français les plus riches qui détiennent plus de 16 % du patrimoine total des ménages).

L'abattement sur la résidence principale exprimé en montant est une mesure qui n'est pas neutre. En effet, appliquer un abattement de 30 % sur un bien d'une valeur de 1 million le rend imposable sur 700 000 euros alors qu'un abattement de 500 000 euros ne le rend imposable que sur 500 000 euros, ce qui diminue l'impôt dû. À l'inverse, un abattement de 30 % sur un bien évalué à 5 millions d'euros le rendrait imposable sur 3,5 millions d'euros alors qu'on abattement de 500 000 euros le rendrait imposables sur 4,5 millions d'euros. Un tel abattement rehausserait donc l'impôt d'un redevable propriétaire de biens dont la valeur est élevée.

Réformer l'imposition du patrimoine impliquerait par ailleurs les droits de mutation, à titre gratuit (les successions et les donations) voire à titre onéreux. Ces impôts ont toujours été budgétairement rentables, avec un rendement estimé à 14,5 milliards d'euros en 2020 pour les droits de mutation à titre gratuit par exemple. Mais ils n'ont pas bonne presse alors qu'ils jouent un rôle important pour éviter une accélération des inégalités de patrimoines. Nombreux sont ceux qui craignent en effet que leurs enfants paient des impôts trop élevés sur le patrimoine qui leur sera légué. En réalité, il n'en est rien. Selon France stratégie : *« En ce qui concerne les transmissions en ligne directe (entre parents et enfants), (...) le taux moyen d'imposition effective a varié entre 2 % et 3 % »* alors que, globalement, *« le taux moyen d'imposition effective* (est de) *5 % en 2015 »*[124]. L'une des raisons qui expliquent ce taux est la faiblesse des patrimoines : en France, le patrimoine net médian s'élevait à 117 000 euros en 2019. Par ailleurs, les plus aisés organisent la transmission de leur patrimoine au long de leur vie en optimisant les abattements et les mécanismes de donation, ce qui nourrit les inégalités.

Pour l'immense majorité des successions et des donations, l'imposition est donc faible, voire nulle. Le taux d'imposition le plus élevé se trouve dans les transmissions vers des parents

[124] France stratégie, « Peut-on éviter une société de rentiers ? », Note d'analyse n° 51, janvier 2017.

éloignés ou des tiers sans lien de parenté et pour les patrimoines importants. À l'image d'un ISF rénové, il serait possible de prévoir un abattement sur la résidence principale exprimé en montant et non en pourcentage, comme c'est le cas actuellement. Enfin, un toilettage des différents barèmes, établis de longue date en fonction des liens de parentés, semble nécessaire. Une réflexion pourrait aussi s'engager sur les droits de mutation à titre onéreux : ceux-ci peuvent participer à la régulation du marché immobilier, notamment de l'immobilier de luxe, par l'introduction d'un taux plus élevé au-delà d'un certain seuil.

Quels impôts sur la consommation ?

Renforcer la progressivité globale du système fiscal implique de réduire le poids des impôts indirects sur la consommation car la TVA est, de loin, le premier impôt national. Diminuer les impôts sur la consommation n'est toutefois pas chose aisée : il n'est pas certain qu'une réduction du taux de la TVA soit répercutée dans les prix alors que cela serait nécessaire si l'on envisageait une telle mesure. Et il ne sert à rien de se priver de recettes publiques si le revenu disponible et le pouvoir d'achat des consommateurs ne s'en trouvent pas améliorés. Les baisses passées ciblées de la TVA montrent que la répercussion n'est que partielle. Or, il n'existe plus de contrôle des prix qui inciterait à répercuter cette baisse dans les prix. Pourtant, le débat refait surface, y compris au sein de l'Union européenne : l'Allemagne a décidé de baisser durant le deuxième semestre de 2020 ses taux de TVA (le taux normal de la TVA passant de 19 à 16 %, le taux réduit de 7 à 5 %).

Réformer l'imposition des sociétés

La réforme de l'impôt sur les sociétés (IS) est nécessaire à plusieurs titres. Il s'agit tout d'abord de le moderniser afin qu'il intègre les mutations de l'économie : numérisation, internationalisation, propriété intellectuelle, etc. Il faut également réduire les écarts d'imposition entre les grandes entreprises et les PME. Ceux-ci demeurent importants, même s'ils semblent s'être resserrés. Selon l'Institut des politiques publiques, *« sur la période 2005–2015, (...) le taux implicite moyen des grandes entreprises a augmenté, passant de 10 % à 17,8 %, quand le taux implicite moyen des PME a légèrement baissé, passant de 27,7 % à 23,7 % »*[125].

L'IS étant l'un des impôts les plus sensibles à la concurrence fiscale internationale, c'est au niveau international qu'il faut agir pour la neutraliser, comme nous l'avons vu. La France dispose néanmoins de marges de manœuvre pour réformer l'IS qui représentait 2,3 % du PIB en France en 2017 contre 3 % en moyenne dans les pays de l'OCDE [126]. Pour dégager des ressources supplémentaires et rendre l'IS plus équitable, avant d'agir sur le taux nominal, il faut prioritairement revoir l'assiette de cet impôt dans le cadre de la revue des niches fiscales évoquée plus haut. En matière d'IS, les « dépenses fiscales » sont moins nombreuses qu'à l'impôt sur le revenu bien que budgétairement coûteuses. Elles sont majoritairement utilisées par les grandes entreprises et les grands groupes, ce qui explique pourquoi l'écart d'imposition entre ces entreprises et les PME persiste. L'exemple du crédit d'impôt recherche (CIR) est à ce titre très instructif.

Bien que sanctuarisé par les gouvernements successifs, le CIR doit être réformé. Son efficacité est discutée alors que son coût est élevé (6,6 milliards d'euros en 2020). En 2013, la Cour des comptes s'était déjà interrogée sur son coût, son efficacité et son contrôle, jugé insuffisant[127]. Plus récemment, un rapport de l'Assemblée nationale estimait que *« l'efficacité du CIR (...) paraît cependant difficile à établir »* [128]. Le CIR bénéficie

---

[125] Laurent Bach, Antoine Bozio, Clément Malgouyres, « L'hétérogénéité des taux d'imposition implicite des profits en France : constats et facteurs explicatifs », in *rapport de l'Institut des Politiques Publiques n° 21*, mars 2019.

[126] *Statistiques des recettes publiques*, OCDE, Édition 2019.

[127] Communication de la Cour des comptes à la Commission des finances de l'Assemblée nationale, *L'évolution et les conditions de maîtrise du crédit d'impôt recherche*, juillet 2013.

[128] Rapport de la Commission des finances de l'Assemblée nationale annexé au projet de loi de règlement du budget et d'approbation des comptes de l'année 2019, annexe 33 du 13 juin 2018.

majoritairement aux grandes entreprises[129] : en 2015, 5,1 % des entreprises qui en bénéficiaient percevaient les deux tiers du CIR. Au moins deux éléments expliquent cette concentration : les grandes entreprises engagent des dépenses plus importantes, mais elles optimisent également beaucoup plus le CIR. Son impact sur les brevets n'est pas démontré. Selon un rapport du Sénat, « *la réforme de 2008 n'a pas eu d'effets très significatifs sur les dépôts de brevets »130.* Un constat confirmé par France stratégie[131] pour qui les effets sur l'innovation sont décevants, avec seulement 5% de probabilité supplémentaire de déposer un brevet pour les entreprises bénéficiaires. En outre, le risque d'optimisation agressive et de fraude est élevé, notamment de la part de certaines entreprises tentées de gonfler leurs dépenses éligibles au CIR sans augmenter réellement leurs investissements. À minima, une réforme qui maintiendrait le CIR doit le rendre moins coûteux et davantage ciblé sur les PME. Il est envisageable de renforcer l'obligation documentaire portant sur le CIR, d'instaurer un plafond au niveau du groupe de sociétés et de réformer son assiette afin qu'elle soit moins permissive. Parallèlement, il est essentiel de renforcer les moyens alloués à la recherche publique dont les besoins et l'utilité ont été mis en exergue avec la crise sanitaire.

L'attractivité est par ailleurs favorisée par des dispositifs comme la réduction d'impôt des dons effectués par les entreprises. Cette niche a pourtant été sévèrement critiquée par la Cour des comptes en raison de la hausse de son coût (plus de 1 milliard d'euros en 2020 contre 90 millions d'euros en 2004) et de sa concentration (24 entreprises ont bénéficié de 44 % de cette dépense fiscale en 2016)[132]. La Cour déplore la notion trop large

---

[129] Commission nationale d'évaluation des politiques d'évaluation, *L'impact du crédit d'impôt recherche*, rapport de France stratégie de mars 2019.

[130] Rapport de la Commission des finances du Sénat, *Recherche et enseignement supérieur*, 22 novembre 2018.

[131] France stratégie, Comité d'évaluation des politiques d'innovation, *L'impact du crédit d'impôt recherche*, mars 2019.

[132] Communication de la Cour des comptes à la Commission des finances de l'Assemblée nationale, *Le soutien public au mécénat des entreprises, un dispositif à mieux encadrer*, novembre 2018.

de l'intérêt général et l'absence d'habilitation ou d'agrément préalable ainsi que les faibles contreparties. En outre, elle juge que ce dispositif est mal évalué et peu contrôlé. Le débat a ressurgi après l'incendie de Notre-Dame de Paris. Comme le propose la Cour, on pourrait réduire les taux et instaurer un plafonnement en valeur plutôt qu'en proportion du chiffre d'affaires ce qui dégagerait plusieurs centaines de millions d'euros de rentrées supplémentaires.

Pour élargir davantage l'assiette de l'IS, il convient aussi de réformer certains régimes bénéficiant aux grandes entreprises. Il est par exemple possible de viser la « niche Copé » (une exonération d'impôt sur les plus-values sur les titres de participation détenus depuis plus de 2 ans) et le régime « mère fille » (une exonération dont bénéficie une société mère sur les dividendes qu'elle reçoit de ses filiales). Ce régime pose un problème majeur : en exonérant les dividendes en provenance de filiales établies à l'étranger, elle incite les groupes à se restructurer et à délocaliser une partie de leurs activités.

Avec un tel élargissement de l'assiette, un taux nominal de 30 % environ procurerait des recettes substantielles. Mais l'imposition des sociétés est en danger. Le débat engagé avant la crise sanitaire sur l'avenir des impôts sur la production, que le mouvement patronal voudrait supprimer, se traduit par un allègement de 20 milliards d'euros. Ces impôts ont été critiqués au motif qu'ils ne tiendraient pas compte de la situation des entreprises. Ceci est inexact : à titre d'exemple, la cotisation sur la valeur ajoutée des entreprises (CVAE) comporte un barème déterminé en fonction du chiffre d'affaires (notamment des ventes), elle est assise sur la valeur ajoutée, autrement dit sur l'un des principaux soldes intermédiaires de gestion de l'entreprise. Par ailleurs, ces impôts financent notamment les collectivités locales (avec la contribution foncière des entreprises et la contribution sur la valeur ajoutée), les caisses de sécurité sociale (avec la taxe sur les salaires) ou encore la branche vieillesse (avec la C3S). Supprimer ces impôts, ou baisser certains d'entre eux comme le plan de relance le prévoit, pose plusieurs problèmes, budgétaires et d'équité (surtout si l'on tient compte de la baisse du taux de l'IS engagé d'ici 2022). Repenser les impôts des entreprises doit donc intégrer ces impôts, avec l'objectif de maintenir un haut niveau de recettes publiques et de contribuer au rééquilibrage du système fiscal.

Quelles finances locales ?

Les collectivités territoriales jouent un rôle de plus en plus important. Elles réalisent de longue date la majorité des investissements publics et gèrent des services publics essentiels. L'attachement des populations aux communes, notamment, est réel et témoigne du lien entre le citoyen et les politiques publiques, particulièrement les politiques locales.

Il existe plusieurs catégories de collectivités territoriales : les communes (plus de 35 000 en 2020, ce nombre diminuant avec les regroupements de communes), les départements, les régions, les collectivités d'outre-mer et les collectivités à statut spécial, dont Paris. Il existe aussi différentes formes d'intercommunalités, dont par exemple la métropole. Les changements concernant les collectivités territoriales sont importants depuis les vagues de décentralisation des années 1980 et du début des années 2000, la montée en puissance de l'intercommunalité, la réforme de 2010 qui visait à réduire le « mille feuille administratif » ou encore la loi d'août 2015 sur la nouvelle organisation territoriale de la République, complétée par la réduction du nombre de régions. Les finances publiques ont également connu de profondes évolutions. Celles-ci touchent à la gouvernance financière, avec notamment la création fin 2014 de l'objectif d'évolution de la dépense locale (ODEDEL), la réduction de dotations et de subventions de l'État et d'organismes publics[133] ou encore la contractualisation qui encadre la dépense publique locale. Autant d'outils mis en place pour que les finances locales participent à la réduction des dépenses publiques.

---

133 Il existe différentes formes de dotations, compensations, péréquations et subventions.

Les dépenses publiques locales ont sensiblement augmenté pour passer de 8 % du PIB en 1980 à 11,2 % en 2019[134]. Cette augmentation est surtout due aux transferts de compétences, à la hausse des besoins sociaux locaux ou encore à l'inflation des normes. À titre d'exemple, les dépenses des départements en matière de dépenses sociales d'aides à la personne et de frais d'hébergement ont connu une hausse de 2,5 % en 2019 (2,7 % par an entre 2013 et 2019)[135].

Les recettes publiques locales sont en plein bouleversement. Elles sont composées d'impôts locaux, du transfert de produits d'impôts d'État, de concours financiers de l'État, d'emprunts, de recettes issues du patrimoine et de recettes tirées des services locaux. Mais la part de l'État dans les finances locales augmente. Ce mouvement devrait se confirmer sous l'impact de la suppression progressive de la taxe d'habitation et de la remise en cause dans la loi de finances pour 2021 de certains impôts dits « de production » perçus par les collectivités locales. Comme lors de chaque décision de ce type, le gouvernent annonce des compensations, financées par l'impôt national. Cette nationalisation progressive des finances locales interroge l'autonomie financière des collectivités. Selon l'article 72-2 de la Constitution, les collectivités *« bénéficient de ressources dont elles peuvent disposer librement dans les conditions fixées par la loi. Elles peuvent recevoir tout ou partie du produit des impositions de toutes natures. La loi peut les autoriser à en fixer l'assiette et le taux dans les limites qu'elle détermine »*. La loi organique du 29 juillet 2004 précise les modalités de calcul des taux d'autonomie financière, ce taux ne devant pas être inférieur à celui de 2003 (soit 61 % pour les communes et établissement publics de coopération intercommunale, 59 % pour les départements et 42 % pour les régions). Une réforme de la

---

[134] Environ 20 % des dépenses publiques totales contre plus de 35 % au sein de l'Union européenne (source : rapport de l'Observatoire des finances et de la gestion publiques locales, juillet 2020).

[135] Rapport d'information du Sénat *au nom de la mission d'information, Quel rôle, quelle place, quelles compétences des départements dans les régions fusionnées aujourd'hui et demain ?,* septembre 2020.

fiscalité locale abaissant ces taux risquerait de se heurter au Conseil constitutionnel.

Pour Michel Bouvier, il faudra faire un choix entre *« une autonomie financière enracinée dans une autonomie fiscale dont le principe serait rendu incontestable par une inscription dans la Constitution (et) une autonomie financière sans autonomie de décision sur les ressources mais avec une autonomie de gestion des dotations ou part d'impôts d'État »*[136]. Tout cela dans un contexte particulier qui place notamment le bloc communal au centre des enjeux. Selon Thierry Lambert, *« les communes sont « sous perfusion », les départements ont une explosion des dépenses contraintes (sociales) et les régions sont des nains financiers. Il est urgent d'avoir une approche globale. La crise sanitaire met à l'épreuve les finances locales (distribution alimentaire, achat de masques, gel...). Certaines collectivités vont certainement voir leurs difficultés croître, ce qui rend encore plus urgent une réforme en profondeur des finances locales »*[137].

Au surplus, face au sentiment d'abandon de nombreux « territoires », qui voient de nombreux services publics et entreprises fermer, les impératifs en matière d'aménagement du territoire (en services publics, en accès au numérique, en médecin, etc) apparaissent d'autant plus essentiels que la vie urbaine n'est plus aussi attractive. Le marché immobilier, les nouvelles formes de travail, très en vues pendant la crise sanitaire, l'attachement à la qualité de vie sont autant d'éléments qui constituent les germes d'une redistribution démographique territoriale. Avec un impact futur sur les finances locales évident.

La fiscalité locale doit donc relever plusieurs défis importants. Il s'agit au fond de renforcer la démocratie locale et de donner aux élus locaux la capacité d'exercer leur mandat dans des conditions de plus en plus difficiles. Nombreux, notamment dans les petites communes (97 % des communes ont moins de 10 000 habitants), sont ceux qui manifestent leur mal-être. S'il n'existe

---

[136] Entretien avec les auteurs.

[137] Entretien avec les auteurs.

pas de solution miracle, tout est cependant question d'équilibre entre les différents outils à actionner. En sachant par ailleurs que les effets de la crise (y compris sur les recettes tarifaires des services locaux, peu utilisés en 2020) rend la question des finances locales très sensible. Nous tenterons ici d'identifier les principaux défis à relever.

Tout d'abord, il faut réduire des inégalités entre collectivités, partiellement compensées par des mécanismes de péréquation. Selon la Cour des comptes, *« la péréquation financière ne s'accompagne pas d'une définition claire des objectifs qui lui sont assignés. Elle repose sur un ensemble de dispositifs dont la cohérence globale n'est pas assurée et qui s'ajoutent les uns aux autres par sédimentation »*[138]. Refondre les dispositifs pourrait privilégier une meilleure allocation de la dotation globale de fonctionnement, que la Cour des comptes juge *« inégalement répartie »*[139]. Par ailleurs, il existe des outils ciblés (dotation d'équipement des territoires ruraux, dotation politique de la ville…) qui pourraient être mobilisés pour assurer une meilleure solidarité financière, entre collectivités et entre l'État et les collectivités. Revaloriser et améliorer ces mécanismes est d'autant plus nécessaire en temps de crise.

Il faut également empêcher une concurrence fiscale entre collectivités qui résulterait d'une trop grande autonomie fiscale, tout en accordant une autonomie financière suffisante pour que les élus locaux assument leurs choix politiques devant les électeurs. Une meilleure allocation des concours financiers peut s'accompagner d'une plus grande autonomie, encadrée par la loi, sachant que les collectivités locales bénéficient d'autres sources de financement, comme les produits de leur domaine ou des services dont bénéficient la population. S'il est normal que les élus locaux puissent assumer leurs choix en matière de politique publique et par conséquent de fiscalité locale, encore faut-il qu'ils puissent disposer des moyens de gérer leur collectivité. Il faut donc assurer aux collectivités les plus pauvres et/ou à celles dont le levier fiscal n'est pas assez efficace des moyens

---

[138] Rapport de la Cour des comptes, *Les finances locales en 2014*, octobre 2014.

[139] Rapport de la Cour des comptes, *Concours financiers de l'État et disparités de dépenses des communes et de leurs groupements*, novembre 2016.

suffisants, (péréquation, transferts de l'État) pour qu'elles puissent fournir un service public local de qualité. Il s'agit également de ne pas trop favoriser de vastes et puissantes métropoles qui, se faisant concurrence, creuseraient les inégalités entre elles mais aussi avec la majeure partie des collectivités territoriales[140].

Au surplus, et de manière générale, maintenir un lien entre le contribuable et la collectivité s'impose. Lorsqu'une personne est propriétaire d'un logement situé dans une collectivité où elle ne réside pas, il est logique qu'elle contribue au financement des politiques publiques de la collectivité concernée car elles ont un impact direct sur le loyer, ou la plus-value à la revente, de son bien. De ce point de vue, une base foncière est légitime, à la condition qu'elle soit rénovée. On peut alors plaider pour le maintien de la taxe foncière et la rénovation de sa base (une révision de la valeur locative cadastrale[141]). Se pose également la question d'une « nouvelle » taxe d'habitation sur une base rénovée qui garantirait des ressources locales. Le maintien des impôts dits « de production », au besoin en les réformant pour mieux les lier à la faculté contributive des entreprises, participerait également du financement des politiques publiques locales et éviterait un transfert de la charge fiscale, notamment vers les particuliers.

En outre, l'affectation des impôts locaux doit être clarifiée : il est logique que le bloc communal, le plus proche des citoyens, bénéficie de l'essentiel du produit des impôts directs des particuliers et des entreprises.

Enfin, la bonne gestion de l'argent public local est un impératif que nous aborderons plus loin.

---

[140] À titre d'exemple, l'île-de-France représente près de 30 % de la croissance économique nationale. Son PIB par habitant est passé de 38 459 euros en 1990 à 47 155 euros en 2008. Cette concentration économique a attiré des populations et des entreprises mais a contribué à « vider » certaines régions.

[141] Il s'agit du niveau de loyer annuel théorique que le bien concerné pourrait produire s'il était loué aux conditions normales du marché.

L'incidence fiscale, un enjeu central

Toute réforme doit analyser l'incidence fiscale, c'est-à-dire l'impact réel de la fiscalité sur les agents économiques (ménages, entreprises). Il s'agit de déterminer qui supporte, *in fine*, l'impôt.

L'impôt sur les sociétés (IS) et la TVA occupent une place importante dans ce débat trop confidentiel. Les partisans d'une hausse de la TVA estiment que l'IS pourrait être supprimé car il serait répercuté *in fine* sur les prix à la consommation. En avançant par ailleurs que les cotisations sociales alourdissent le « coût du travail », ils préconisent, pour améliorer la compétitivité des entreprises, d'augmenter la TVA et de baisser de l'IS ainsi que les cotisations sociales patronales.

En réalité, le bénéfice d'une société peut-être reversé aux actionnaires (les dividendes), mis en réserve, utilisé pour augmenter les capitaux propres, être réinvesti ou être redistribué aux salariés (l'intéressement aux résultats). Et cela dans des proportions qui varient. Augmenter l'IS peut ainsi contribuer à baisser la distribution de dividendes aux actionnaires dont certains sont des sociétés ou des particuliers, résidents nationaux ou non. De fait, l'IS n'est pas supporté *in fine* par les consommateurs nationaux. En matière de TVA, une hausse sera répercutée dans les prix, aggravant ainsi le caractère dégressif du système fiscal puisque la TVA pèse proportionnellement davantage sur les ménages pauvres et des classes moyennes. L'incidence fiscale est également au cœur de la fiscalité écologique.

Plus et mieux combattre l'évasion et la fraude fiscales, encore et toujours

La meilleure des législations n'empêchera pas son contournement. Si, depuis la crise de 2007-2008, plusieurs mesures ont été prises tant au niveau international que national, il reste beaucoup à faire tant le retard est important sur la diversité et la complexité des stratégies fiscales et financières à l'œuvre. Les multiples affaires révélées ces dernières années sont là pour l'attester. Nous présentons ici des dispositions qui permettraient de mieux circonscrire l'évitement de l'impôt, que celui-ci procède de l'optimisation agressive ou de la fraude.

L'évasion de la propriété immatérielle...

En raison de leur nature, les actifs immatériels couverts par la propriété intellectuelle sont aisés à transmettre et à délocaliser vers des pays à fiscalité faible, voire nulle. La valeur de certaines entreprises est parfois essentiellement constituée d'éléments de propriété intellectuelle, notamment les entreprises numériques. Délocaliser ces éléments revient par conséquent à délocaliser les profits. Dans certains pays et de nombreuses conventions fiscales, les redevances de propriété intellectuelle bénéficient de régimes fiscaux privilégiés (les « patent box »), présentés comme permettant de favoriser la recherche et l'innovation (taux réduits, voire exonération). C'est pourquoi il est usuel, pour les entreprises multinationales, de transférer leurs droits de propriété intellectuelle à une ou plusieurs de leurs filiales basées dans un territoire à faible fiscalité, chargées de centraliser les redevances internes au groupe concerné. L'imposition peut même être négative, lorsqu'un remboursement de crédit d'impôt est prévu.

L'enjeu est immense. Et pour certains experts, *« la France est plutôt suiveuse en ce domaine. Les pays anglo-saxons, particulièrement les États-Unis, plus libéraux et inventifs en matière fiscale, tentent depuis longtemps d'appréhender plus efficacement les revenus tirés d'opérations impliquant des éléments de propriété intellectuelle (...) Cependant, ces avancées ne mettent pas un terme au chalandage fiscal. Les États sont toujours libres de créer des régimes fiscaux de faveur »*[142]. Certes, depuis 2008, les discussions internationales s'intensifient au sein de l'OCDE, mais elles sont complexes et ne règlent pas tout. Pour Thierry Lambert, *« le plan BEPS visant à combattre l'érosion des*

[142] Interview de Terence Wilhelm, avocat et fondateur du cabinet CARA, l'Institut européen et propriété intellectuelle, novembre 2017.

bases imposables et la convention multilatérale de l'OCDE participent d'une refondation des fondamentaux du droit fiscal international. Mais tout n'est pas réglé ». Car derrière les orientations, se nichent des discussions relevant parfois du détricotage : « *les États peuvent poser des « réserves », qui sont généralement une condition de la ratification du texte. Autrement dit, ils peuvent accepter le texte sous réserve qu'un certain nombre de dispositions ne leurs soient pas applicables. On peut ainsi vider la convention à la petite cuillère ! »*[143].

Nous n'en sommes probablement qu'au début du combat sur l'optimisation fiscale et financière. Des mesures fiscales neutralisant les effets pervers liés à la délocalisation artificielle des profits sont nécessaires. Un point particulier mérite également d'être effectué sur l'évaluation des actifs immatériels, incorporels et intangibles dont le développement a favorisé l'ingénierie fiscale et financière, notamment par la manipulation des prix de cessions de brevets ou de paiements de redevances, les difficultés d'évaluation des actifs concernés, etc. Un cadre normatif européen pourrait compléter l'ACCIS afin de disposer d'une approche comptable et fiscale commune.

L'impôt universel sur la citoyenneté : efficace ?

Pour les particuliers, l'impôt sur le revenu fondé sur la citoyenneté s'applique aux États-Unis tandis que, dans les autres pays, c'est le concept de résidence qui est pris en compte. Ces deux systèmes, opposés philosophiquement, connaissent néanmoins des adaptations.

Les citoyens américains, qu'ils vivent sur le territoire national ou à l'étranger, sont assujettis à l'impôt sur le revenu fédéral des États-Unis. Trois dispositifs leur permettent cependant d'alléger leur contribution : la réduction de l'assiette imposable par la déduction des revenus du travail d'origine étrangère, le crédit d'impôt compensant les impôts payés à l'étranger et la réduction de l'assiette imposable par la déduction des impôts payés à

[143] Entretien avec les auteurs.

l'étranger. Ces dispositifs, précisés dans les conventions fiscales pour éviter les situations de double imposition, ne sont pas cumulables. Pour renforcer le contrôle des obligations fiscales de leurs citoyens, les États-Unis ont instauré le dispositif Foreign Account Tax Compliance Act (FATCA) qui oblige les institutions financières et les particuliers à transmettre les informations bancaires à l'administration américaine sous peine de sanction.

La situation est différente dans les autres pays puisque l'impôt sur le revenu se fonde sur la résidence. Est alors redevable de l'impôt sur le revenu d'un État toute personne ayant sa résidence dans cet État, indépendamment de sa citoyenneté. Des critères (durée de séjour, centre des intérêts personnels et professionnels) précisent la notion de résidence. Les conventions fiscales bilatérales sont chargées de régler les potentielles situations de double imposition, car chaque État prélève un impôt sur les revenus que les non-résidents perçoivent sur leur sol. L'impôt sur le revenu allemand présente cependant une spécificité : en cas de transfert du domicile d'un résident allemand vers un pays à faible imposition, la loi (« Aussensteuergesetz ») prévoit l'application d'une obligation fiscale pendant dix ans à partir du transfert du domicile. Il s'agit d'une extension du concept de résidence fiscale en quelque sorte.

Pour ses partisans, un impôt sur le revenu universel fondé sur la citoyenneté permettrait de neutraliser les comportements opportunistes visant à quitter le territoire national pour des raisons fiscales. Ce qui n'empêcherait pas d'imposer les résidents étrangers, comme le font les États-Unis. Les conventions fiscales viendraient ensuite régler les situations de double imposition. Pour ses opposants, la citoyenneté n'est pas un bon critère : ils doutent de sa faisabilité, de son rendement et de la capacité d'identifier et de contrôler l'ensemble des citoyens français installés à l'étranger. Ce sont environ 1,775 million de français qui sont installés au 1er janvier 2020 à l'étranger selon les pouvoirs publics.

Un impôt fondé sur la citoyenneté ne remettrait pas en cause les principes de consentement à l'impôt et d'égalité devant l'impôt. Mais un changement aussi profond nécessiterait une révision de l'ensemble des conventions fiscales bilatérales dont la France est signataire. Existe-t-il des solutions alternatives ou complémentaires ? Améliorer l'exit-tax due par les contribuables transférant leur domicile fiscal hors de France est possible. Renforcer le contrôle fiscal afin qu'il identifie les « fausses expatriations » est nécessaire : chaque année, près de 200 redressements fiscaux portent sur des contribuables qui déclarent être partis à l'étranger mais continuent en réalité de vivre en France. On peut également réviser le concept de résidence fiscale sur le modèle allemand. Enfin, un impôt différentiel, basé sur la citoyenneté et calculé par différence entre l'impôt sur le revenu français (maintenu en tant que tel) et l'impôt sur le revenu du pays de résidence d'un ressortissant pourrait permettre d'éviter ou de limiter certains écueils, tout en atteignant la plupart des objectifs assignés à un impôt dit « universel ».

Améliorer l'information de l'administration fiscale

L'information de l'administration fiscale est un enjeu vital pour combattre la fraude. Sans prétendre être complets, nous présenterons plusieurs chantiers qui méritent d'être creusés. Il en va ainsi de l'actuelle déclaration pays par pays, qui constitue la transposition en droit interne de la recommandation de l'OCDE sur le « reporting » pays par pays prévue par le plan « base erosion and profit shifting » (BEPS) de l'OCDE, repris dans la directive du 25 mai 2016 au sein de l'Union européenne. Elle s'applique aux groupes établis en France qui réalisent, lors de l'exercice qui précède le dépôt de la déclaration, un chiffre d'affaires annuel hors taxes consolidé supérieur à 750 millions d'euros. Ce seuil mériterait d'être abaissé pour éviter que des groupes se restructurent pour échapper à cette déclaration en passant « sous les radars ». Il en va de même pour la déclaration des prix de transfert dont le seuil (50 millions d'euros de chiffre d'affaires ou du bilan) pourrait être abaissé pour couvrir davantage d'entreprises. Enfin, la transmission de la comptabilité analytique aux administrations fiscales pourrait être rendue obligatoire. Cet ensemble de mesures permettrait une meilleure information de l'administration fiscale pour mieux orienter ses opérations de contrôle et inciterait les entreprises à mieux contrôler leur propre politique interne.

Par ailleurs, la révélation de nombreuses affaires de fraudes fiscales a mis en lumière l'utilité des lanceurs d'alerte. La reconnaissance de leur rôle a progressé. Pour l'Assemblée parlementaire du Conseil de l'Europe, *« les lanceurs d'alerte jouent un rôle essentiel dans toute démocratie ouverte et transparente. La reconnaissance qui leur est accordée et l'efficacité de leur protection en droit et en pratique contre toutes sortes de représailles constituent un véritable "marqueur" démocratique, ainsi qu'une question de droits fondamentaux »*[144]. Le statut et la protection des lanceurs d'alerte sont des enjeux importants qui ont certes connu des avancées mais en méritent davantage. En France, la loi dite « Sapin 2 »[145] a chargé le Défenseur des Droits de suivre l'orientation et la protection des lanceurs d'alerte. Mais pour celui-ci, la France est encore *« au milieu du gué »*, il appelle le gouvernement français à assurer une *« protection effective à ceux qui prennent des risques pour dénoncer des atteintes à l'intérêt général »*[146]. L'objectif demeure de mieux informer et protéger les lanceurs d'alerte, actuels et futurs.

Le dispositif « FATCA » est destiné à identifier les citoyens des États-Unis détenteurs de comptes étrangers qui évitent l'impôt américain. Les institutions financières non américaines doivent communiquer au fisc américain (IRS) toute information au sujet des comptes financiers détenus par un client citoyen des États-Unis. En cas de non respect, l'IRS peut imposer une retenue d'impôt de 30% sur les paiements de sources américaines versés

---

[144] *Discussion par l'Assemblée* le 1er octobre 2019, rapport de la commission des questions juridiques et des droits de l'homme (rapporteur: M. Sylvain Waserman). Texte adopté par l'Assemblée le 1er octobre 2019.

[145] Loi relative à la transparence, à la lutte contre la corruption et à la modernisation de la vie économique de 2016.

[146] Propos de Jacques Toubon, alors Défenseur des Droits, lors d'un colloque organisé en décembre 2019 sur les lanceurs d'alerte.

à cette institution financière ou à ses clients, voire retirer sa licence à une banque. Il existe également un système d'échange automatique d'informations, instauré dans près d'une centaine de pays, sous l'impulsion de l'OCDE. C'est un progrès car l'opacité, permise par le secret bancaire et les sociétés-écrans, est l'un des principaux vecteurs de la fraude fiscale et de la délinquance économique (liée aux activités criminelles de droit commun pour abriter le produit des trafics en tous genres : corruption, trafic de drogue, d'armes et d'être humains, etc). L'Union européenne a complété son dispositif d'échanges de renseignements (le Common Reporting Standard) en s'inspirant des normes de l'OCDE : *« En 2019, près d'une centaine de pays ont échangé des renseignements de façon automatique, permettant à leurs administrations fiscales d'obtenir des données sur 84 millions de comptes financiers détenus à l'étranger par leurs résidents, ce qui représente des actifs d'une valeur totale de 10 000 milliards d'euros »147*. Il reste à vérifier que les services fiscaux exploitent efficacement ces données et identifient les schémas de fraude vers des territoires n'en faisant pas partie. Quitte à compléter l'arsenal avec des sanctions inspirées par le FATCA américain.

Identifier les bénéficiaires effectifs

L'un des enjeux de la lutte contre l'évasion fiscale consiste à identifier les personnes, physiques ou morales, qui détiennent ou possèdent une société-écran ou un compte bancaire anonyme. Il s'agit de mettre fin aux pratiques anonymes et opaques. S'il existe un cadastre concernant la propriété immobilière et foncière, un cadastre des données financières et juridiques est nécessaire, en plus du registre des bénéficiaires effectif des trusts et des sociétés-écrans créé en France en 2016, dont il reste là aussi à vérifier la fiabilité et l'utilité.

---

[147] Communiqué de presse de l'OCDE, *La communauté internationale accomplit de nouvelles avancées dans la lutte contre la fraude fiscale internationale,* 30 juin 2020.

Pour un cadastre financier européen, voire mondial...

Le cadastre est un document qui dresse l'état de la propriété foncière d'un territoire. Son origine remonte à l'Antiquité : une tablette d'argile retrouvée dans le désert d'Arabie, datée entre 3000 et 2300 avant J.C., dressait déjà un plan décrivant des parcelles foncières. En France, les informations cadastrales locales ont été centralisées dans un cadastre unique en 1807. Désormais dématérialisé, il ne concerne que la propriété foncière qui constituait autrefois la principale source de richesse. Avec la financiarisation et les mutations du capitalisme, tel n'est plus le cas : le patrimoine financier représente une part majoritaire du patrimoine des plus riches. Or, il n'existe aucun outil dressant l'état de la propriété de la finance. Disposer d'un état de la propriété des titres financiers permettrait d'asseoir correctement l'impôt et de mieux combattre l'évasion fiscale grâce aux échanges d'informations entre États. Instaurer un cadastre financier (européen dans un premier temps) est nécessaire. Pour Gabriel Zucman, il *« consisterait à établir des cadastres immobiliers et financiers qui partiraient des registres immobiliers actuels et les étendraient aux actions, aux obligations et aux parts de fonds d'investissement »148.*

Pour de nouveaux outils juridiques....

L'article 238 A du Code général des impôts (CGI) définit le régime fiscal privilégié. Il permet d'appliquer aux pays offrant une imposition inférieure de 40 % (50 % jusqu'en 2019) à l'imposition française certaines mesures, comme l'imposition des bénéfices d'une société étrangère contrôlée ou l'encadrement strict de la déduction de certaines charges. Ce dispositif n'a été utilisé qu'à 33 reprises en 2018 et 20 reprises en 2019[149]. Avec la baisse du taux de l'impôt sur les sociétés à 25 % en 2022, il faudrait ramener ce seuil à 35 voire 30 %.

---

[148] Gabriel Zucman, « Un cadastre financier européen et mondial serait un bien public mondial », in *Le Monde,* édition du 6 avril 2016.

[149] Rapport, *Lutte contre l'évasion fiscale et la fraude en matière d'impositions de toutes natures et de cotisations sociales*, Document de politique transversale annexé au projet de loi de finances 2021.

Il existe par ailleurs plusieurs délais de prescription (sur lesquels l'administration exerce son contrôle) qui pourraient être harmonisés sur les délais de conservation des documents comptables pendant lesquels peuvent s'exercer les droits de communication, d'enquête et de contrôle de l'administration (soit 6 ans). Une telle harmonisation est logique même si, dans certains cas spécifiques (activité occulte, absence de déclaration, utilisation d'un paradis fiscal), des délais allongés doivent être maintenus. Enfin, un bilan des dispositions visant à combattre la fraude fiscale internationale permettrait d'améliorer les textes existants en cas de besoin.

En finir avec les paradis fiscaux

La communauté internationale s'est longtemps contentée d'établir des « listes noires » de territoires non coopératifs. Cette politique du « name and shame » a montré ses limites. Au cours des années 2000, ces listes noires, publiées par l'OCDE, se sont vidées. Après le sommet du G20 d'avril 2009 à Londres, une nouvelle approche a été initiée par l'OCDE, comportant notamment une évaluation « par les pairs ». En décembre 2017, l'Union européenne a publié sa liste de juridictions fiscales non coopératives. Après sa révision intervenue en février 2020, la liste européenne n'en comportait plus que 12[150]. La France elle-même dispose d'une liste nationale permettant d'appliquer des dispositifs spécifiques en contrôle fiscal (13 pays y figuraient en 2020). Les grands paradis fiscaux ne figurent pas sur ces listes, comme certains États membres de l'Union européenne (l'Irlande, le Luxembourg) et presque tous les territoires liés aux grandes puissances.

D'autres critères devraient présider à l'élaboration et la révision des listes noires, en Europe et au plan national, comme la coopération effective et l'écart d'imposition. Sur la base d'une liste noire conforme à la réalité, il serait possible de prévoir une inversion de la charge de la preuve lorsqu'un pays y figure. Ce

---

[150] Fidji, Guam, Îles Caïmans, Îles Vierges américaines, Oman, Palaos, Panama, Samoa, Samoa américaines, Seychelles, Trinité-et-Tobago et Vanuatu.

type d'outil existe en France, mais avec une portée limitée. Amélioré, il serait dissuasif et efficace car les flux à destination de ce territoire seraient supposés relever de la fraude fiscale sauf si la preuve contraire était apportée (actuellement, c'est au service de contrôle de prouver la fraude, ce qui est très difficile lorsque la coopération internationale ne fonctionne pas). Au-delà, une surveillance accrue serait organisée pour les opérations en lien avec les pays figurant sur liste grise. Pour Eric Bocquet ; *« Il faut d'urgence établir une liste crédible des paradis fiscaux tant en Europe que dans le monde. Enfin il faut imposer aux multinationales la transparence de leur comptabilité « pays par pays ». Et par dessus-tout évidemment une volonté politique infaillible »*[151].

Pour une meilleure coopération entre États et entre administrations

Sous le contrôle des parlements (national et européen), il est indispensable de suivre l'évolution de la coopération fiscale internationale. Concrètement, l'information doit porter sur le nombre d'opérations, les délais moyens de réponse pertinente aux demandes de renseignements, la mise en œuvre des gels et saisies, etc. L'objectif est de s'assurer du niveau et de l'efficacité de la coopération internationale en matière fiscale, douanière et judiciaire.

Pour faciliter le contrôle fiscal, qui relève de la compétence des États, il faut aller plus loin dans la coopération et la fluidité transfrontalières. Ainsi, un droit de suite permettrait de contrôler, sans engager une nouvelle procédure, une filiale (ou une entité contrôlée) établie dans un État A d'une entreprise contrôlée dans un État B. Il est également nécessaire d'intensifier l'utilisation de procédures existantes comme le contrôle multilatéral coordonné qui permet aux administrations de différents États d'intervenir simultanément dans les entités d'un groupe multinational sur les

[151] Entretien avec les auteurs.

prix de transfert ou la TVA intracommunautaire. Cette procédure, peu utilisée, n'a été engagée qu'à 22 reprises en 2019.

Renforcer les administrations fiscales, financières, judiciaires et douanières

En Europe, les administrations fiscales et douanières ont perdu des emplois. Or, le contrôle fiscal et douanier a besoin d'agents pour être efficace. La Commission européenne elle-même conseillait aux États membres dans sa Communication de la Commission européenne du 31 mai 2006 « *d'étoffer les ressources humaines* ». Il s'agit aussi de renforcer les principes fondamentaux du contrôle public économique, notamment du contrôle fiscal, qui doit demeurer la contrepartie du système déclaratif.

Par ailleurs, s'il n'est pas question de voir dans chaque contribuable et chaque entreprise un fraudeur en puissance, il faut cependant distinguer la mission de contrôle de celle consistant à renseigner et accompagner, laquelle doit être assurée par des fonctionnaires en charge de la gestion et du suivi des dossiers et non par ceux en charge du contrôle. C'est un point important pour éviter un mélange des genres. Au-delà, il faut s'assurer que le contrôle fiscal débusque rapidement les schémas de fraude et puisse mener les investigations en assurant une présence sur l'ensemble du tissu économique et fiscal. Celles-ci doivent prévoir une expertise à la hauteur, qu'elle soit fiscale, comptable, financière ou technologique (y compris en matière d'informatique, afin de combattre des manipulations et les anomalies technologiques dissimulant une fraude). Il s'agit surtout d'éviter de faire en sorte que le contrôle devienne une prestation de service mené au bénéfice de la personne ou de l'entreprise contrôlée, et au contraire s'assurer qu'il reste une mission au service de l'intérêt général.

La coopération entre administrations et services nationaux doit être renforcée. Pour Émilie Cariou, « *On peut imaginer plus de transversalité (entre la DGFiP, les douanes, la justice, les services spécialisées de police) intégrant la dimension contrôle et recouvrement. On peut alors institutionnaliser cette transversalité au plan national et au plan local. Il manque également des moyens dans certains services spécialisés, notamment dans les services de police, et dans les services engagés dans la lutte contre les fraudes financières. Globalement, les enjeux sont énormes et nécessitent des moyens d'investigations qui justifient un renforcement des effectifs ».*

Christian Eckert pousse le raisonnement : *« Pourquoi ne pas avoir un secrétariat d'État à la lutte contre la fraude (aux prélèvements obligatoires) ? Cela permettrait un vrai suivi, y compris des affaires que la presse révèle parfois ».* Déjà soulevée par le Sénat et la Cour des comptes [152], la coopération interministérielle permettrait de mieux appréhender la délinquance économique, financière et fiscale. Ceci pourrait commencer par rapprocher les deux « polices fiscales », la Brigade nationale de répression de la délinquance fiscale rattachée au ministère de l'intérieur et le Service d'enquêtes judiciaires des finances rattaché à « Bercy ». Par ailleurs, mesurer et analyser l'évolution de la fraude fiscale s'impose. Pour ce faire, Eric Bocquet propose *« la création d'un Observatoire de la fraude et de l'évasion fiscales, élargi à des personnalités d'horizons divers, de syndicalistes à des ONG en passant par des lanceurs d'alerte, un outil « citoyen », même si ce mot tend à être galvaudé, mais c'est la garantie de son indépendance et de son autonomie ».*

Pour l'heure, le gouvernement a créé en juin 2020 une mission interministérielle de coordination anti-fraude dont il reste à voir l'évolution à l'avenir. Mais il confirme son orientation contenue dans la loi d'août 2018 dite « Essoc » et l'affaiblissement des moyens humains de la Direction générale des finances publiques. Ce renforcement de l'action de l'État concerne les autres formes de fraudes économiques et financières qui peuvent être

---

[152] Rapport d'information du Sénat du 22 juillet 2020 sur *les moyens du contrôle fiscal* et rapport de la Cour des comptes du 2 décembre 2019 sur *la fraude aux prélèvements obligatoires.*

interconnectées (le blanchiment d'argent peut concerner des montants issus de la fraude fiscale, de trafic, etc). Pour Ugo Bernalicis, *« le contrôle dans le secteur bancaire et assurantiel est essentiellement assuré par des moyens de contrôle interne, eux-mêmes supervisés par des organismes externes, Autorité de contrôle prudentiel et Autorité des marchés financiers, qui ont peu de moyens »*[153].

Sanctionner la fraude selon le principe de la riposte graduée

Pour une sanction de la fraude proportionnée, il importe de conserver le dispositif basé sur des sanctions fiscales (financières) et pénales (pour les cas les plus raves). Cette coexistence permet de disposer d'un éventail de sanctions adapté à toutes les formes de fraude : frapper au portefeuille et sanctionner pénalement le cas échéant.

Mieux financer le système de protection sociale

L'évolution de notre « sécu »

En matière de protection sociale, on distingue généralement, et assez théoriquement, deux grandes familles de systèmes : celles de conception bismarckienne et celles de conception beveridgienne.

À la fin du 19e siècle, Bismarck fait adopter une série de lois instituant un système d'assurance sociale en Allemagne : création de l'assurance maladie obligatoire pour les ouvriers à bas salaire en 1883, loi sur les accidents de travail en 1884 et loi sur l'assurance vieillesse invalidité en 1889. Le système bismarckien consiste en une assurance sociale obligatoire qui repose sur une approche professionnelle : il est financé par les cotisations sociales assises sur les salaires.

La Grande-Bretagne crée en 1908 un système de prestations d'assurance vieillesse (sous conditions de ressources), élabore

---

[153] Entretien avec les auteurs.

une politique de programmes d'assurance maladie en 1911 et instaure une assurance retraite contributive en 1925 financée par des contributions sociales. Mais c'est en 1942 que Lord Beveridge préconise un système de sécurité sociale basée sur l'universalité, l'unité et l'uniformité, géré par un service public financé par l'impôt.

En France, après une loi d'assurance sociale sur les accidents du travail à la fin du 19e siècle, la création de la Sécurité sociale par l'ordonnance du 4 octobre 1945 avait pour objectif de généraliser aux résidents du territoire un système unique la protection sociale. D'inspiration bismarckienne, le système français a ensuite évolué et intégré une logique plus beveridgienne avec l'extension de la couverture sociale à toute la population : allocations familiales en 1945, risque vieillesse en 1956, revenu minimum d'insertion en 1989 remplacé par le revenu de solidarité active en 2008, couverture maladie universelle en 1999… Cette évolution s'est accompagnée d'un changement dans le mode de financement et de gouvernance.

Un financement en pleine mutation et sous pression

La part des cotisations sociales dans le financement de la Sécurité sociale a baissé au profit des recettes fiscales affectées et des transferts financiers de l'État. On peut voir dans cette évolution un élargissement de l'assiette du financement à d'autres revenus que ceux du travail conforme à l'idée d'universalité. Mais ces ressources fiscales sont aussi destinées à compenser les dispositifs d'allègements de cotisations sociales qui se sont multipliées depuis 1993. Selon la Cour des comptes[154], il existait 90 dispositifs d'allègements en 2019, ciblés ou généraux : leur coût atteindrait 66,4 milliards d'euros dont 52 pour les seuls allègements généraux. La Cour évalue pour 2019 à « *plus de 90 milliards d'euros le montant provisionnel des principales exonérations et exemptions applicables aux recettes des régimes obligatoires de base de sécurité sociale et du FSV* »

[154] Rapport annuel de la Cour des comptes sur la Sécurité sociale, octobre 2019.

(Fonds de solidarité vieillesse). Ce montant atteindrait même 108 milliards d'euros en 2021[155].

Ces allègements procèdent de la volonté des gouvernements successifs de baisser le coût du travail pour favoriser la création d'emplois. Le bilan de ces dispositifs est discuté. L'organisme France Stratégie en dresse un constat sévère : *« on ne dispose à ce jour d'aucune évaluation des effets sur l'emploi de cette politique sur l'ensemble des vingt-cinq dernières années. Enfin, on sait peu de choses sur la nature des emplois créés ou sauvegardés (par sexe, âge, diplôme, catégorie socioprofessionnelle, expérience) et sur leur ventilation par secteur d'activité ou taille d'entreprise. On ignore par ailleurs si l'efficacité de la politique d'allégements s'atténue à mesure que les allégements de cotisations sociales s'amplifient »*[156]. Ces dispositifs présentent en outre des effets pervers : ils peuvent inciter des employeurs à maintenir les salaires en dessous des seuils d'exonération. Ce qui crée des trappes à bas salaires et maintient les inégalités et alimente la précarité. Ceci a de quoi interroger à l'heure où le crédit d'impôt compétitivité emploi (CICE) a été « transformé » en allègement pérenne de cotisations sociales.

Mieux financer, c'est possible

De la même manière qu'une revue des niches fiscales est nécessaire, une revue des niches sociales est indispensable. Il s'agit là aussi de supprimer les dispositifs dont le rapport « coût/efficacité/effet pervers » est défavorable, ce qui simplifierait le système de financement tout en le rendant plus rentable. Plus largement, l'heure semble venue de repenser le financement du système de sécurité sociale.

---

[155] Compte rendu de l'audition du Président du Haut conseil des finances publiques par la commission des finances du Sénat sur le projet de loi de financement de la Sécurité sociale du 7 octobre 2020.

[156] Comité de suivi des aides publiques aux entreprises et engagements, *Les exonérations générales de cotisations*, France Stratégie, juillet 2017.

Repenser le financement ne doit pas se traduire par l'unification du budget de l'État et de celui de la Sécurité sociale. L'affectation de recettes à la Sécurité sociale résulte d'une construction historique, sociale et politique, elle participe de la lisibilité du financement et de son acceptation par les citoyens. Pour Michel Bouvier, « *le choix du mode de financement ne résout pas tout, celui de l'assiette des prélèvements est encore plus important. La question « qui financera ? » pose le problème de la répartition de la charge entre entreprises et particuliers, et entre actifs et inactifs* ».

L'enjeu identifié ici est de remédier à la complexité des circuits de financement et de prendre en compte la dimension universelle du système, en élargissant l'assiette du financement. Et ce, en préservant une affectation distincte afin de conserver des budgets séparés (Sécurité sociale d'une part, État d'autre part). Une globalisation, autrement dit une étatisation, de la Sécurité sociale, serait trop risquée. Pour Thierry Lambert, « *il deviendrait difficile de tracer le financement des quatre branches. On ne peut pas exclure qu'un jour on nous explique que l'important est de couvrir les dépenses de l'État et que les dépenses sociales doivent être prises en charge par les intéressés avec un système d'assurances privées* ». Or ce dernier, comme le remarque Christian Eckert, « *se développe et capte des richesses à certains secteurs de la santé et en matière de dépendance* ». Préserver deux budgets distincts est une garantie que le budget de la Sécurité sociale sera utilisé pour la couverture sociale et pas pour d'autres dépenses.

Il s'agit en somme de conjuguer les logiques professionnelles et universalistes dans le financement. Celui-ci est différencié selon les branches. La CSG finance les branches maladie et famille et, depuis 2019, l'assurance chômage, tandis que les branches accidents du travail et maladies professionnelles et vieillesse sont financées par des cotisations. Il est en effet cohérent de préserver le lien contributif pour l'attribution des droits pour les retraites, l'indemnisation du chômage et celle des accidents professionnels. Ceci plaide pour une cotisation sociale salariale assise sur les revenus du travail finançant ces branches. Concernant la part dite patronale des cotisations, il pourrait être intéressant d'en élargir l'assiette à la valeur ajoutée, un solde intermédiaire de gestion essentiel correspondant, schématiquement, à la richesse créée par l'entreprise.

L'élargissement de l'assiette du financement fait l'objet de débats nourris. De fait, il est déjà à l'œuvre, puisque les particuliers paient la CSG sur tous leurs revenus. Si les revenus d'activité représentent 71 % du rendement de la CSG, les revenus du patrimoine financier et immobilier dégageaient 13,3 milliards d'euros de CSG en 2019. Outre qu'un élargissement serait cohérent avec l'extension des droits sociaux, il présenterait l'avantage de mettre davantage à contribution les entreprises fortement capitalistiques employant peu de salariés. Les recettes dégagées grâce à la réduction du nombre et du coût des niches sociales et par l'élargissement des cotisations patronales à la valeur ajoutée, seraient utiles pour financer l'évolution des besoins (perte d'autonomie, etc).

Cet élargissement est compatible avec un partage des richesses plus favorable aux salaires et aux revenus du travail puisque ceux-ci représentent une grande partie de la valeur ajoutée. Par conséquent, une hausse des salaires alimenterait également les recettes d'une contribution sur la valeur ajoutée. Inversement, une baisse de la part des salaires dans la valeur ajoutée n'empêcherait pas un maintien élevé de recettes sociales. Si nous centrons ici nos propos sur la redistribution fiscale et sociale, il nous faut signaler que la hausse des salaires, et plus largement des revenus d'activité, est l'un des enjeux majeurs d'une meilleure répartition des richesses, notamment du partage de la valeur ajoutée. Le constat est connu : *« Entre 1980 et 2015, l'Europe et les États-Unis enregistrent une baisse de cette part de même ampleur. Elle passe de 68 % à 60 % dans les pays européens et de 65 % à 58 % aux États-Unis (...). Les évolutions technologiques n'expliquent pas tout »*[157]. Sachant qu'il faut que la hausse de la part des revenus dans la valeur ajoutée améliore leur répartition primaire et permette une réduction des écarts de revenus. Car ces écarts jouent

[157] Sophie Piton et Antoine Vatan, *Le partage de la valeur ajoutée, un problème capital,* in L'économie mondiale 2019, Éditions la Découverte, 2018.

un rôle moteur dans le processus d'accumulation et d'augmentation des inégalités de toutes sortes, notamment de patrimoines.

IV/ Garantir une bonne gestion de notre argent public

Quid du contrôle de l'argent public ?

Souvent occulté dans le débat public, le contrôle de la dépense publique constitue le pendant évident de celui des ressources. Il doit être organisé de telle sorte que les citoyens soient certains que l'argent public est bien utilisé, conformément aux choix démocratiques et aux règles de droit. En la matière, le rôle des juridictions financières (Cour des comptes, Chambres régionales des comptes) est essentiel. Par leurs travaux, rapports et procédures, elles exercent un contrôle qui s'inscrit pleinement dans les principes fondamentaux énoncés dans la Déclaration des droits de l'homme et du citoyen.

L'organisation administrative de la gestion de la dépense publique recèle d'autres enjeux importants. Depuis le 19e siècle, les ordonnateurs et les comptables ont des fonctions incompatibles et séparées lors de la phase d'exécution administrative comptable. Leurs rôles respectifs sont distincts et complémentaires. Le décret du 29 décembre 1962 portant règlement général sur la comptabilité publique consacre ce principe. L'ordonnateur est un agent d'autorité qui constate les recettes, en arrête le montant, en ordonne le recouvrement, décide de la dépense, la liquide et en ordonne la mise en paiement. Mais il ne manipule jamais l'argent public. C'est le rôle du comptable public, à qui il appartient, sur l'ordre de l'ordonnateur, d'encaisser ou de décaisser l'argent public.

Le comptable public est responsable pécuniairement et personnellement (sur ses deniers propres). Il fait l'objet de contrôles réguliers des Chambres régionales des comptes et de la

Cour des comptes. De son côté, la Cour de discipline budgétaire et financière (CDBF), qui contrôle les ordonnateurs, n'a pas connu le développement nécessaire au regard de la place croissante occupée par les ordonnateurs. En effet, si elle peut prononcer des amendes à l'encontre des agents publics, elle ne peut pas mettre en cause et sanctionner les ordonnateurs principaux, comme les ministres ou les exécutifs locaux. Ce qui explique sa faible activité. Selon le rapport d'activité 2020 de la CDBF ; *« la moyenne glissante sur 10 ans des déférés transmis est passée de 8,9 en 2010 à 15,6 en 2019 ».*

Critiquée pour sa lourdeur, la redondance de certaines tâches et son formalisme, la séparation « ordonnateur/comptable » est de plus en plus critiquée dans son principe même. L'évolution générale, politique, juridique et organisationnelle, tend même à l'estomper, voire à la remettre en cause. La responsabilité personnelle et pécuniaire du comptable est, elle aussi, questionnée par ; la place croissante de l'ordonnateur, les évolutions de la chaîne de la dépense et la logique même de management et de performance de la loi organique relative aux lois de finances (LOLF). En 2018, le rapport du « comité action publique 2022 » allait plus loin et préconisait une refonte de la gestion publique passant par un allègement des contrôles et *« la suppression de la responsabilité personnelle et pécuniaire des comptables au profit de dispositifs de contrôles et d'audits internes mais aussi par la responsabilité financière des ordonnateurs »* dans certains cas (comptes insincères par exemple)[158]. En 2020, un autre rapport préconisait ; « *un recentrage de la responsabilité personnelle et pécuniaire des comptables sur la seule responsabilité « de caisse » ; un régime de responsabilité juridictionnelle unifié pour les gestionnaires et les comptables.* »[159] Manifestement, les pouvoirs publics veulent aller vite...

Cette orientation s'inscrit dans un contexte de profondes évolutions dans le circuit de la dépense. Celui-ci se transforme

---

[158] Rapport du comité action publique 2022, *Service public, se réinventer pour mieux servir*.

[159] Rapport Bassères-Pacaud, *Responsabilisation des gestionnaires publics*, juillet 2020.

avec notamment la création de centres de gestion financière, qui fusionnent les centres de services partagés (des services prescripteurs) et les services facturiers, placés sous l'autorité du comptable (ces services ayant déjà marqué une évolution dans les rapports entre l'ordonnateur et le comptable). Le contrôle de la dépense a évolué, il s'est allégé. Par ailleurs, la certification des comptes des collectivités locales (déjà obligatoire pour les établissements publics de santé dont les produits sont supérieurs à 100 millions d'euros sur 3 ans consécutifs, depuis 2014) par des commissaires aux comptes est expérimentée entre 2020 et 2023, elle pourrait se développer voire se généraliser à terme. En outre, le lancement du compte financier unique (le CFU, qui fusionnera le compte administratif établi par l'ordonnateur et le compte de gestion dressé par le comptable public), expérimenté pour une production de 80 CFU en 2021 et de 440 en 2022, pose la question du partage des rôles entre l'ordonnateur et le comptable, dont les fonctions semblent se contracter alors qu'il convient de les sécuriser. Enfin, les pouvoirs publics ne font pas mystère de mettre à terme en œuvre des « agences comptables », placées sous l'autorité des élus locaux, lesquels pourraient alors nommer le comptable de leur choix. Si ce projet a été suspendu peu après l'annonce de son expérimentation, il est nécessaire de l'abandonner définitivement pour éviter une confusion des rôles synonyme de mainmise totale des ordonnateurs sur la gestion et l'emploi de l'argent public.

Cette évolution progressive a même conduit certains parlementaires à demander la suppression de la séparation ordonnateur/comptable pour les collectivités locales. Dans une proposition de loi du 3 octobre 2018, on peut ainsi lire qu'avec une telle suppression, le travail du comptable *« se rapprocherait de celui d'un commissaire aux comptes »*. Bien que non adoptée, cette proposition de loi ne doit cependant pas être prise à la légère et traduit la volonté de calquer les missions et les agents publics sur le modèle du secteur marchand. Durant la crise sanitaire du printemps 2020, la responsabilité personnelle et pécuniaire du comptable public a d'ailleurs été suspendue temporairement, ce qui s'expliquait dans une période hors norme. Mais cette parenthèse, qui ne peut être analysée comme une expérimentation du fait du contexte exceptionnel, ne peut constituer une règle.

L'organisation actuelle est donc remise en cause alors qu'elle présente de réelles garanties. Le contrôle du juge des comptes permet en effet de relever les fautes de gestion et de contrôler les comptables publics. Ce rôle des juridictions financières est essentiel. Lors de l'audience solennelle de rentrée de la Cour des comptes en 2016, le Procureur général de la Cour des comptes rappelait que « *la Cour, lorsqu'elle reconnaît la responsabilité du comptable, consacre sa place au sein des organismes publics et son indépendance par rapport non seulement à l'ordonnateur, mais aussi par rapport au ministre des finances puisqu'un ordre de ce dernier n'exonère pas le comptable de sa responsabilité. Mais, ce faisant, elle protège également le gestionnaire contre les tentations, par constructions permanentes, de méconnaissance des règles. L'obligation de produire certaines pièces à l'appui des paiements contribue à la sécurité de l'ensemble de la chaîne de la dépense publique* ».

Lors de l'audience solennelle du 17 janvier 2019, le premier Président de la Cour des comptes rappelait d'ailleurs l'utilité de la Cour des comptes, dont les travaux « *sont indispensables pour assurer le contrôle de la probité, de la régularité et de l'efficacité de l'action publique locale* ». Il déplorait également le « *périmètre trop limité* » de la CDBF. Le procureur général près la Cour des comptes Gilles Johannet déclarait le même jour que « *la séparation des fonctions de ce que dans le secteur public on appelle l'ordonnateur, le gestionnaire et le comptable ou encore le contrôleur est une exigence de plus en plus élevée et structurante* ». Les magistrats de la Cour et des chambres régionales des comptes s'inquiètent aujourd'hui ouvertement des conséquences possibles des évolutions actuelles. Car une remise en cause de cette séparation des rôles pourrait générer des dérives, des fautes de gestion voire le développement de scandales dans la gestion de l'argent public.

Si les fonctions de vérification, essentielles dans la chaîne de la dépense et de la recette, sont opérées par des acteurs privés, ou par des acteurs publics dépossédés de tout contrôle ou du pouvoir de sanctionner, alors la déresponsabilisation deviendra la règle. Or, l'argent public mérite des garanties et des contrôles assurés par l'action publique, puisque celle-ci sert l'intérêt général. Les prestataires privés que sont les commissaires aux comptes n'ont pas le même rôle. Dans une relation « client/fournisseur », la question du contrôle se pose différemment : l'acteur privé voit une partie de sa rémunération dépendre de celui qu'il contrôle. Dans un système qui en ferait l'acteur du contrôle, ou qui instaurerait des agences comptables, le risque est de voir se développer des affaires de type « Enron » (c'est-à-dire des fraudes financières) au sein de la sphère publique et des dérives dans la gestion de l'argent public. Et ce, bien au-delà de ce que l'on peut déjà constater dans les rapports publics des juridictions financières.

Pour éviter cela, l'architecture de la gestion de la dépense publique reposant sur la « séparation ordonnateur/comptable » et le rôle des juridictions financières doivent être confortés. Il est impératif d'organiser une responsabilité de l'ordonnateur et du comptable en maintenant la séparation des deux fonctions. Une clarification du rôle de chacun est indispensable.

Dans le cadre que nous préconisons, le compte financier unique doit en conséquence prévoir un partage des rôles et des responsabilités précisément défini. La certification des comptes des collectivités locales doit pour sa part être assurée par l'action publique, soit les juridictions financières et les services de la Direction générale des finances publiques.

Et pour tenir compte de l'évolution du rôle de l'ordonnateur, il faut également renforcer le rôle de la Cour de discipline budgétaire et financière ; en particulier, il s'agit de rendre possible la responsabilité de l'ordonnateur principal. De manière générale, il faut éviter toute confusion entre les missions et prévoir les mécanismes de contrôle adaptés pour garantir le meilleur emploi possible de l'argent public. C'est également ce qui peut permettre de réaffirmer le rôle du comptable public et sa responsabilité.

Au-delà, le développement des outils numériques et de l'intelligence artificielle, pour séduisante qu'elle puisse paraître, pose question. Ces outils peuvent servir la gestion et le contrôle de l'action publique mais ne saurait les en déposséder. L'ordonnateur comme le comptable doivent rester maîtres de leurs missions, d'autant plus qu'ils doivent avoir une responsabilité particulière en la matière.

Quel contrôle citoyen ?

Si une véritable pédagogie citoyenne telle que nous l'appelons de nos vœux est indispensable, en parallèle, le contrôle citoyen doit être amélioré. Au sens large, le contrôle citoyen vise à améliorer le niveau global de connaissance des enjeux pour que le débat public soit mieux éclairé, et cela afin que chacun puisse s'exprimer et faire ses choix en connaissance de cause.

Ce contrôle s'exerce évidemment lors des élections, locales et nationales, qui sont l'occasion pour les citoyens de faire valoir leur point de vue sur ce qui devrait en théorie constituer une orientation en matière de politique fiscale, de dépenses publiques, etc. Mais entre les échéances électorales, il reste beaucoup à faire. L'information des citoyens s'est améliorée mais reste perfectible : c'est un enjeu démocratique majeur visant à réconcilier les citoyens et leur argent public. Comme nous l'avons souligné, cela passe par des actions d'éducation et de formation à destination de tous : sensibilisation à l'école, au collège ou encore au lycée, accès à l'information et à des supports de décryptage voire jeux éducatifs, etc.

De leur côté, les élus des collectivités locales et les parlementaires disposent d'une information budgétaire, du pouvoir d'interroger les exécutifs et de celui de voter les budgets. Les parlementaires peuvent par ailleurs procéder à des investigations, bénéficier de l'assistance de la Cour des comptes, adresser des observations dans le cadre de missions parlementaires ou encore demander la communication de documents financiers. Il est nécessaire de renforcer les moyens du Parlement pour qu'il puisse mener ses missions dans de meilleures conditions.

Mais il reste que les finances publiques sont l'affaire des citoyens eux-mêmes. Ils peuvent certes assister aux conseils municipaux (dans la limite des places disponibles) ou prendre connaissance des contenus des projets de lois de finances ainsi que des publications de la Cour des comptes, du gouvernement, de la Commission européenne, etc. Malgré tout, l'information publique doit encore s'améliorer. En la matière, le rôle des pouvoirs publics, mais aussi des médias, est essentiel.

D'autres voies existent pour suivre ces questions. Des acteurs de la société civile et du mouvement social mènent un travail régulier sur les différents sujets touchant aux recettes et aux dépenses publiques, ils peuvent mener des actions pédagogiques, d'interpellation des élus, de la presse et de la population, etc. Leur rôle est important. Les mesures fiscales prises ces dernières années, les problèmes récurrents de pouvoir d'achat et la multiplication des affaires d'évasion et de fraude fiscales ont ainsi conduit de nombreuses organisations (ONG, organisations syndicales) à s'exprimer publiquement sur la justice fiscale et à formuler des propositions.

Fin mars 2020, 18 responsables syndicaux, associatifs et d'ONG signaient une tribune commune intitulée « Plus jamais ça ! » comportant 34 propositions dont certaines portaient sur la répartition des richesses et la justice fiscale.

Depuis plus de 15 ans, la Plate-forme Paradis fiscaux et judiciaires[160], qui regroupe plusieurs organisations d'horizons divers, suit de près les travaux nationaux et internationaux sur l'évitement de l'impôt, elle mène un travail de plaidoyer, publie

---

[160] La Plate-forme Paradis fiscaux et judiciaires regroupe 19 organisations : Association de solidarité internationale fondée en 1983, ActionAid France - Peuples Solidaires, Anticor, Attac France, CADTM, le CCFD-Terre Solidaire, la CFDT, le Collectif Roosevelt, le Centre de Recherche et d'Information sur le Développement, Justice et Paix-France, la CGT, les Amis de la Terre, l'Observatoire Citoyen pour la Transparence Financière Internationale, Oxfam France, le Réseau Foi et Justice Afrique-Europe, le Secours Catholique - Caritas France, l'association SHERPA, Solidaires Finances Publiques, Survie, Syndicat de la magistrature, ONE, Transparence-International (France).

ses propres expressions publiques et relaie celles de ses membres qui portent sur la justice fiscale, la transparence, la lutte contre l'évasion fiscale ou les solidarités internationales.

Des actions sont organisées pour interpeller l'opinion et les pouvoirs publics comme le procès de l'évasion fiscale qui a regroupé plus de 2 000 personnes dont de nombreuses personnalités et médias à Dax en janvier 2017[161].

Au sein des ministères économiques et financiers, des organisations syndicales s'expriment sur ces sujets comme le syndicat national Solidaires Finances Publiques, qui publie de longue date des communiqués, rapports, etc.

V/ L'État et la protection sociale de demain ?

Vers un État social écologique : lier la question sociale et la question écologique

S'il n'est pas possible de revenir sur l'ensemble des actions et des missions de l'État, il est essentiel de réfléchir au sens, au rôle et à l'orientation profonde de l'action publique. Et ce, à la lumière des grands principes fondamentaux ; des déclarations des droits de l'Homme (1789 et 1948), du service public, etc.

On peut faire un lien désormais évident entre la crise devenue systémique et la façon démesurée dont nous exploitons la nature, autrement dit quand l'activité humaine poussée à sa démesure et aux dérèglements des marchés financiers entraîne avec elle l'insoutenabilité écologique. Une théorie, partagée dans ces pages, portée par Éloi Laurent dans son ouvrage *« Le bel avenir de l'État providence »*[162] qui fait le lien entre dette financière, dette sociale et écologique.

---

[161] Cette initiative a été organisée en soutien à Jon Palais, qui avait participé à des actions de désobéissance civile d'emport de chaises d'agences bancaires pour dénoncer l'évasion fiscale.

[162] Éloi Laurent, *Le bel avenir de l'État providence*, Éditions Les Liens qui Libèrent, 2014.

Tout est affaire d'inégalités

L'inégalité accroît le besoin de croissance économique par un effet compensatoire, lequel est nuisible à l'environnement. Elle accroît aussi l'irresponsabilité des plus riches : l'écart renforce le transfert de dommages environnementaux des riches vers les plus pauvres, entre riches et pauvres[163]. Nous l'avons déjà évoqué, l'inégalité entrave l'action collective de préservations des ressources naturelles et fait décroître la sensibilité environnementale. Or, selon Éloi Laurent, le risque social comprend une importante dimension environnementale (inondations, canicules, tempêtes) et doit inciter l'État à mieux protéger. Le bien-être individuel ou collectif est déterminé aussi par les conditions environnementales. Selon lui, *« il conviendrait de passer de la perspective voltairienne, qui suggère la part de fatalité qui régit l'existence humaine, à la perspective rousseauiste, qui conçoit les risques naturels comme des catastrophes humaines »*. Dès lors, à l'instar des phénomènes sociaux, la responsabilité va se substituer à l'incertitude environnementale, laissant la place au risque social écologique.

Vers un État social écologique ?

État social écologique ? Tel pourrait et devrait être le cas. Il se devrait de répondre à trois fonctions, sans doute davantage à terme, mais qui semblent essentielles.

La *fonction d'allocation* qui reconnaît le coût sanitaire de la crise écologique (maladies…). Comme l'État providence, l'État social écologique ne doit pas être pris comme un obstacle à l'activité économique, mais comme un investissement dans le développement humain, il est en ce sens dynamique.

La fonction de répartition plurielle : des riches vers les pauvres, des jeunes vers les plus âgés, des bien-portants vers les malades, et une nouvelle prégnance des générations actuelles vers les futures.

---

[163] Voir notamment Catherine Larrère, *Les inégalités environnementales*, Éditions PUF, la Vie des idées, 2017.

La fonction de stabilisation dont l'objectif est la préservation du bien être des individus, sans considérer le contexte économique, face aux chocs écologiques.

La notion d'État social écologique pose nécessairement la question de la taxe carbone, évoquée plus haut, souvent critiquée et suscitant de vifs débats. Il existe des alternatives et propositions, comme nous l'avons vu plus haut, qui répondent à la justice fiscale et sociale parmi lesquelles la carte carbone, qui octroierait un montant considéré d'émissions de CO2 par foyer ou par personne. Les émissions de CO2 allant croissant avec le niveau de revenu, cette carte engendrerait des flux des plus riches vers les plus démunis, ce qui introduit davantage de justice environnementale. Mais à l'image du marché des quotas-carbone, il faut éviter que les plus pauvres vendent leurs droits d'émissions aux plus riches, ce qui engendrerait des injustices supplémentaires.

La transition fiscale et sociale n'est suffisante que si l'on considère un véritable État social écologique en intégrant la question majeure du travail, de sa place et de sa conception dans une société aliénante. Il faut donc bien un troisième pilier qui consiste en la transformation de nos sociétés, de notre économie et de la place du travail. Ceci passe par l'éducation populaire et la conscientisation tandis que le capitalisme productiviste, la course à la compétition sont des freins à toute mutation bienveillante.

À cela s'ajoute la nécessaire réflexion autour de la réduction du temps de travail et d'une nouvelle organisation. De nombreuses expériences nordiques montrent les effets directs vertueux entre la baisse de mobilité vers le lieu de travail, la baisse de la consommation énergétique et les réductions des émissions néfastes pour l'environnement. La politique publique de transport constitue à ce titre un enjeu central. Tout ceci pousse le débat vers la « verdurisation » [164] de l'économie, ce

[164] Nous employons ce terme très botanique mais très imagé plutôt que le « verdissement ».

« capitalisme vert » n'étant qu'une transition vers un modèle qui ne doit plus exploiter les ressources mais se bâtir sur la suffisance.

Enfin, la logique sociale et écologique impose la défense du bien-être des individus face aux risques environnementaux par la véritable reconnaissance de l'indice de développement humain des Nations unies qui intègre l'importance des dimensions non pécuniaires (espérance de vie et niveau d'éducation, associés au revenu par habitant, etc). Il faut aussi initier une trajectoire de transformation, jalonnée de nouveaux indicateurs complémentaires au PIB[165], qui contrarieraient l'économie hyper compétitive totalement ouverte à la concurrence internationale. Et ce, afin qu'elle se redirige vers une économie plus locale, circulaire et décarbonée.

Il s'agit donc de définir un plan pour sortir du système qui menace notre survie, la crise de la Covid-19 en a été un révélateur inédit. Pour ce faire, la fiscalité (taxe carbone, carte carbone, internalisations des externalités dans les prix de ventes et révision des règles comptables) est de mise, mais insuffisante. Il faut l'assortir des mesures réglementaires et régulatrices que sont le relèvement des normes qualité des produits et des normes sociales et éthiques de production, ainsi qu'une nécessaire régulation de la finance, laquelle devrait servir la société et non plus les rentiers.

En somme, l'enjeu est de parvenir à une économie plus juste et solidaire, organisée autour d'une réduction des inégalités, aux effets positifs sur le bien-être et donc sur la santé et l'éducation. Ce qui amène à repenser la sphère publique qui doit remettre au cœur les Communs et les projets citoyens de transition. Au fond, il s'agit d'une réorientation globale de l'appareil productif, du système fiscal, du travail, etc.

---

[165] En septembre 2009, la commission Stiglitz-Sen-Fitoussi avait remis un rapport sur la mesure de la performance économique et du progrès social.

Care et numérique : vers un autoritarisme numérique de l'État providence ?

C'est un des enjeux et une question soulevée par l'ONU dont la Troisième Commission, chargée des questions sociales, humanitaires et culturelles s'est emparée au regard de l'impact des technologies de l'information et de la communication (TIC) sur le respect des droits de l'Homme et des risques de dérives de « l'autoritarisme numérique » de l'État-providence. Les États promeuvent le numérique dans la gestion de l'aide sociale, de lutte contre la fraude etc. Il ressort pourtant, et cela s'est largement accentué pendant la crise de la Covid-19, que ces usages deviennent outranciers voire liberticides. Le rapporteur de la commission de l'ONU, Philip Alston, a d'ailleurs énoncé un exemple révélateur de cette dystopie *« où le couplage illimité de données serait utilisé pour pénaliser la moindre irrégularité dans les dossiers des bénéficiaires, et où des options de surveillance de plus en plus raffinées »*, ce qui permettrait *« un contrôle continu des récipiendaires qui se verraient par ailleurs imposer des conditions entravant leur choix en matière de santé sexuelle et reproductive »*[166].

« De ce fait, l'État-providence numérique risque de devenir un cheval de Troie pour des politiques libérales hostiles à la protection sociale et à la réglementation », a-t-il prévenu, s'inquiétant en outre que *« la vitesse affolante »* à laquelle les États s'engagent pour mettre sur pied ces systèmes numériques d'identification biométrique laisse peu de place à la réflexion sur la nécessité de disposer de bases juridiques et de systèmes de protection qui sont pourtant essentiels pour prévenir toutes sortes de dérives et de « désastres ». Tout cela renvoyant bien évidemment à la sécurité des données individuelles et à leur usage, au risque de les voir utilisées à mauvais escient. Et ce, par un usage abusif des gouvernements, leur manipulation à des fins

---

[166] Organisation des Nations Unies, Assemblée générale, soixante-quatorzième session, 25e et 26e séances plénières, matin & après-midi, Troisième Commission : mise en garde contre « l'autoritarisme » de l'État-providence numérique, 18 octobre 2019.

politiques, leur mise à disposition étendue au secteur privé (qui collecte lui-même de nombreuses informations), voire leur piratage.

Conceptualiser l'ensemble du système de protection sociale sur la base d'algorithmes voit le risque majeur de marginaliser l'humain et d'en omettre toute compassion, pourtant l'un des piliers philosophique de l'État providence. Certains États ont pris cette alerte en compte : ainsi la Suisse a considéré que ces technologies portent effectivement atteinte à la vie privée et aux libertés individuelles. Des pays en développement ont alerté quant à l'impact du tout numérique dans la lutte contre la pauvreté, avec l'apparition de nouvelles inégalités liées à des « services » connexes payants.

La France reste, face à ces questionnements, sur une attitude qui annihile les risques au regard du levier que sont les nouvelles technologies pour rendre l'action des États contre la pauvreté plus efficace. Le gouvernement considère qu'elles facilitent notamment l'accès aux services publics et aux prestations sociales des personnes vivant dans des zones isolées ou étant à mobilité réduite. Elles peuvent en outre simplifier les démarches en dispensant les citoyens de donner plusieurs fois les mêmes informations.

Assurer un vrai service public : un défi

Face à un service public de plus en plus virtuel et numérique, la nécessité demeure de disposer d'un service public « humain », compétent et aisément accessible. Or, il disparaît de nombreux territoires et le manque de moyens dégrade sa qualité. Tout ceci concourt au sentiment d'abandon et de déclassement social qui s'est notablement et durablement installé dans la « France périphérique »[167]. Le mouvement des « Gilets jaunes » y a d'ailleurs trouvé un véritable écho. Au reste, l'égalité d'accès concerne tout aussi bien l'accès à la qualité aux technologies du numérique et au réseau de téléphonie mobile que l'accès aux

[167] Christophe Guilluy, *La France périphérique*, Éditions Flammarion, 2014.

soins, à l'éducation, la formation, aux transports publics, à la culture, etc. En matière de santé par exemple, la question des déserts médicaux reste sensible.

Il s'agit donc de réduire des inégalités territoriales qui ne datent pas d'hier et ont tendance à s'aggraver. Le mouvement de désindustrialisation par exemple a frappé plus durement certaines régions (Lorraine, Nord-Pas de Calais[168]) que d'autres (comme l'Île-de-France). L'organisation des transports (en particulier les lignes à grande vitesse) a modifié le rapport « espace-temps » réel entre certaines agglomérations mais a également délaissé des régions entières. L'évolution démographique joue également un rôle important, certaines régions ayant par exemple accueilli de nombreux retraités lorsque d'autres présentaient un « solde migratoire » négatif. Ces facteurs ont également des conséquences en termes d'emplois. De manière générale, la France semble coupée entre les régions qui présentent un déficit d'emplois et perdent des habitants et celles qui en gagnent. La concentration de l'activité économique dans les agglomérations devenues métropoles est ainsi tout à la fois l'une des causes et l'une des conséquences de ces évolutions. Enfin, les politiques de rigueur et d'austérité ont aggravé la pression sur les finances locales et le mouvement de repli des services publics dont de nombreux territoires pâtissent, notamment en zone rurale.

Selon leurs promoteurs, les métropoles exerceraient ainsi positif sur leur région et permettraient un « effet diffusion » qui profiterait à leur périphérie. Une théorie du ruissellement appliquée aux collectivités locales en quelque sorte, mais démentie par les faits... Car ce mouvement risque au contraire d'accélérer la concentration de l'activité économique dans les principales métropoles, notamment les plus riches (il existe des différences et des inégalités entre les métropoles) et, par conséquent, d'accentuer les fractures et les inégalités territoriales. Et ce, au détriment des zones périphériques évincées de ce mouvement centrifuge. Les élus locaux, notamment les élus des

---

168 Nous reprenons ici le nom des « anciennes » régions puisque nous évoquons des événements antérieurs à la constitution des nouvelles régions.

petites communes, ont déjà fait part de leurs critiques devant une évolution qui les met fortement sous pression. L'association des maires ruraux de France (AMRF) s'est exprimée à plusieurs reprises en ce sens, faisant valoir les difficultés quotidiennes que rencontraient ces maires et élus très concernés mais de plus en plus souvent usés, ce qui altère le fonctionnement de notre démocratie.

Développer les services publics sur l'ensemble du territoire à destination de toute la population est donc un impératif. Si l'accès au service public numérique doit être assuré avec la couverture adéquate, le service public ne peut cependant se résumer au virtuel : outre l'importance de l'illectronisme, le service public humain reste primordial. Pour le Défenseur des droits, qui relève que 27 % de la population n'ont pas accès à internet ou éprouvent des difficultés dans les démarches via internet, *« la dématérialisation des services publics ne doit pas pénaliser les usagers »* [169] . L'ensemble des sujets mérite d'être traité globalement afin de créer un cercle vertueux : un égal accès aux technologies, un maintien de services publics réellement compétents plutôt que des guichets « low cost » et une qualité du réseau de transport constituent des facteurs d'attractivité et de cohésion sociale. Ceux-ci, couplés à de véritables incitations (en matière de santé, de temps de travail, de travail à distance), permettraient de faciliter l'installation de médecins, d'activités, etc.

De manière liée, la valorisation des productions locales, par la réorientation de subventions et par l'évolution des normes (en matière de marchés publics par exemple) favoriserait les activités locales, qu'elles soient agricoles ou industrielles. Ce qui permettrait d'intégrer la dimension écologique à la vie économique : une production locale, c'est aussi moins de transports donc moins d'émission de CO2… Les finances publiques doivent bien évidemment être mobilisées comme nous l'avons déjà évoqué dans ces pages.

---

[169] Voir sur le site du Défenseur des Droits, l'article, « La dématérialisation des services publics ne doit pas pénaliser les usagers », 9 mai 2018.

Prendre en charge les besoins et empêcher l'affaiblissement de la redistribution sociale

Les enjeux auxquels le monde fait face sont immenses. Ils nécessiteront une action publique à la hauteur. Il faudra notamment *« accroître massivement la dépense publique afin de poursuivre deux grands objectifs, remettre à niveau les services publics et ainsi permettre une effectivité des droits, et investir massivement dans le cadre d'une planification écologique d'une relance de l'activité productive et créatrice d'emplois »* selon Ugo Bernalicis, et de nombreux responsables politiques, syndicaux, associatifs, des observateurs, etc.

En garantissant le financement de la redistribution sociale tel que nous l'avons imaginé, l'objectif est de garantir les solidarités (y compris au plan international, en commençant par respecter les engagements d'aide au développement). À la différence des thèses prônant la réduction et le ciblage des prestations sur certaines populations ou la hausse des tarifications (comme le forfait hospitalier), il s'agirait ici d'assurer une véritable universalité et d'empêcher la prise en charge de pans de la « sécu » par des acteurs privés qui réserveraient la meilleure couverture sociale à ceux qui en ont les moyens, les autres ne bénéficiant que d'un filet de sécurité minimum. Outre qu'un tel système nourrirait les inégalités, il serait contre-productif sur le plan économique : or, la redistribution que nous défendons soutient la consommation et par conséquent, l'activité économique. En outre, en bénéficiant à toute la population, elle contribuerait à renforcer la cohésion sociale.

Revenu universel, revenu de transition écologique : une autre redistribution sociale ?

Le revenu universel suscite débats et controverses. On retrouve des supporters et des détracteurs de ce projet au sein de toutes les sensibilités politiques. Il prend diverses formes qui poursuivent des objectifs divergents, pour ne pas dire opposés, selon les idéologies qui sous-tendent les propositions. Sans livrer de développement sur ce thème complexe, nous relèverons les principaux points d'achoppement.

Parmi ses partisans, pour les uns qui se situent sur la gauche de l'échiquier politique, le revenu universel permettrait d'améliorer la redistribution sociale et de faire face au chômage, il participerait d'un meilleur partage du travail, celui-ci étant voué à décliner du fait de l'automatisation et de la robotisation. D'autres, partisans des thèses néolibérales, y voient une opportunité pour remplacer la plupart des prestations sociales actuelles (dont les minima sociaux), un « maquis » qui, selon eux, favoriserait l'assistanat, ce qui le rendrait finançable.

Pour ses opposants de « gauche », le diagnostic sur la place déclinante du travail est erroné, ils s'inquiètent d'une possible remise en cause des prestations sociales, voire d'une déresponsabilisation des employeurs dans la politique salariale (alors qu'il faudrait revaloriser les salaires, combattre la précarité et améliorer les conditions de travail) et pointent le risque d'accroître les inégalités (notamment entre hommes et femmes). Les opposants « de droite » s'alarment notamment du coût du dispositif et de son impact sur l'incitation au travail.

Le revenu universel soulève donc des questions beaucoup plus larges que son seul financement. Discuté et contesté, il suscite également des réflexions sur d'autres pistes permettant de poursuivre des objectifs sociaux et environnementaux, à l'instar du revenu universel de base ou encore du revenu de transition écologique (RTE) qui fait l'objet d'expérimentations locales. À la différence du revenu universel, inconditionnel, le revenu universel de base tel qu'il est parfois proposé serait uniquement destiné aux plus pauvres[169], le RTE devant pour sa part respecter certaines conditions tenant principalement à l'activité comme le développement d'une activité maraîchère destinée à fournir la restauration collective locale en produits bio par exemple[170]. L'objectif du RTE est de marier des activités respectueuses de l'environnement et le soutien à certains territoires victimes de la désindustrialisation et de la désertification. Basé sur l'initiative locale, le RTE a une portée plus modeste que le revenu universel.

À n'en pas douter, ces projets continueront d'être discutés[171]. La crise pourrait même intensifier le débat autour des différents projets172 qui ont le mérite de nourrir le débat sur la question des niveaux de vie, sur le moyen de réduire les inégalités ou encore sur la place du travail. Si nous ne nous rangeons pas parmi les partisans du revenu universel, nous le mentionnons ici pour mémoire, en préférant défendre l'amélioration du système actuel et la nécessité de mieux répartir les richesses tant au niveau de la distribution primaire des revenus et des patrimoines que de la redistribution par le système de prélèvements et les dépenses publiques.

De son côté, l'Europe sociale se fait manifestement attendre. L'espace de concurrence fiscale et sociale qu'elle constitue rend difficile toute avancée sociale globale. Les déclarations d'intention peinent à être suivies d'effets… Le sommet social de Göteborg de novembre 2017 n'a ainsi débouché que sur la signature d'un Socle européen des droits sociaux, lequel ne

[169] Cette forme de revenu universel de base est proposée notamment par Patrick Artus et Olivier Pastré dans leur ouvrage *L'économie post-Covid,* Éditions Fayard, 2020.

[170] « Comment le revenu de transition écologique réconcilie le social et l'environnement », Dominique Pialot, in La Tribune, 3 mai 2019.

[171] Voir notamment Guillaume Allègre et Philippe Van Parijis, *Pour ou contre le revenu universel ?* Éditions PUF, collection La vie des idées, 2018 et Les Économistes atterrés-Fondation Copernic, *Faut-il un revenu universel ?*, Éditions de l'Atelier, 2017.

[172] La proposition du 23 octobre 2020 de résolution relative au lancement d'un débat public sur la création d'un mécanisme de revenu universel appelé socle citoyen en atteste.

dispose d'aucune force contraignante. La présidente de la Commission européenne, Ursula von der Leyen a engagé une consultation le 14 janvier 2020, sur « *les salaires minimums équitables dans l'UE* ». Mais cette consultation ne vise pas à instaurer un SMIC européen ni un quelconque dispositif de ce genre. La Commission souhaite simplement « *s'assurer que tous les systèmes sont adéquats, offrent une couverture suffisante, prévoient une consultation approfondie des partenaires sociaux et sont assortis d'un mécanisme de mise à jour approprié* »[173]. De fait, l'Europe sociale est invisible et risque surtout une harmonisation par le bas, en matière de temps de travail, de conditions de travail ou de droits sociaux.

Or, plusieurs chantiers mériteraient des avancées importantes, à rebours des orientations visant à organiser le dumping social. Sur le salaire minimum, la situation économique, sociale ou démographique est certes différente au sein des États membres. Mais il reste que 22 États sur 28 ont fixé un seuil en-dessous duquel aucun salarié ne peut être payé au niveau national. On peut ainsi promouvoir une réflexion en faveur de minima sociaux et d'un salaire minimum, exprimés en parité de pouvoir d'achat, et sur leur indexation. De même, il serait intéressant de réviser la Charte communautaire des droits sociaux fondamentaux des travailleurs, adoptée en 1989, pour inciter les États membres à garantir un réel progrès social. La coordination pourrait ainsi porter sur : une véritable protection sociale, un revenu minimum, un dialogue social reconnaissant le rôle des organisations syndicales, des droits attachés à l'accès au marché du travail et au contrat de travail, le temps de travail ou encore une retraite, pourrait permettre d'introduire des droits et des objectifs de bien

---

[173] Communiqué de la Commission européenne, « La Commission présente ses premières réflexions sur la construction d'une Europe sociale forte pour des transitions justes », 14 janvier 2020.

être et de réduction des inégalités. En somme, il s'agit de faire en sorte que les textes existants et futurs empêchent tout recul social et permettent des progrès. Sans qu'ils ne s'en tiennent à des déclarations d'intention mais qu'ils aient une force contraignante.

Postface

Militants engagés particulièrement attachés à la pédagogie, nous avons souhaité écrire ce livre car nous pensions que le moment le justifiait. Nous travaillons ensemble depuis plusieurs années au sein de la première organisation syndicale de l'administration fiscale sur la communication et différents chantiers qui nous ramènent sans cesse à la place de l'État, de la protection sociale et des finances publiques.

Nous ne partageons pas simplement des valeurs d'engagement mais aussi la nécessité d'agir pour mieux comprendre et faire comprendre les enjeux. Sur cette base, nous contribuons à notre place au débat en défendant notre conception de la justice fiscale, sociale et écologique.

La crise de la Covid-19 nous a fait réfléchir aux enjeux de la période et nous aura finalement conduit à écrire ce livre, au côté assumé de « table ronde virtuelle ». Nous l'avons pensé ainsi, notamment dans la troisième partie, laquelle livre des réflexions, des orientations ou parfois des pistes précises, mais s'attache surtout à nourrir une discussion tournée vers le progrès social et écologique.

Le champ abordé dans ces pages est large, il nécessitera d'être exploré et précisé dans le cadre d'un débat, indispensable pour revitaliser la démocratie, que nous appelons de nos vœux. Nous y défendrons une certaine approche de « notre argent public, pour mieux vivre ensemble ».

Annexe

Les finances publiques et l'État, d'hier à aujourd'hui

Sans prétendre vouloir retracer ici une histoire complète et précise de l'impôt, nous tenterons, au travers de quelques moments clefs, de saisir les grandes évolutions et de voir en quoi celles-ci ont nourri et accompagné, non sans heurts, le développement du pouvoir, des sociétés et de l'État.

5 000 ans de finances publiques ?[174]

Si nul ne peut dater la naissance du premier impôt, on peut tout de même remonter très loin pour trouver des exemples de systèmes de prélèvements. La forme la plus primitive étant les pillages, des prélèvements on ne peut plus obligatoires mais ponctuels.

Aux environs de 3300 ans avant notre ère, en Égypte, le chef de la première dynastie Ménès réorganisa l'administration chargée de collecter une contribution aux charges de son État sur des bases foncières. En Assyrie, durant le deuxième millénaire avant notre ère, le système fiscal était basé sur le tribut (un prélèvement exigé des peuples vaincus, souvent en nature : métaux, huile, animaux) et une fiscalité intérieure (due en nature

---

[174] Titre en forme de clin d'œil à l'ouvrage d'André Neurisse, *2000 ans d'impôts*, Éditions Sides, 1994.

puis sous forme de capitation, un prélèvement par tête déterminé en pourcentage du revenu).

Moins éloigné dans le temps, le système fiscal romain, qui n'épargnait pas le tribut à ses conquêtes, connut lui aussi des évolutions. Tout d'abord foncier, il connut un impôt sur la fortune au 6e siècle avant Jésus-Christ sous l'autorité de Servius Tullius. Ce système vit aussi l'instauration du cens puis de l'indictio, un impôt par répartition. Une administration était chargée d'opérer un recensement permettant de classer les citoyens et d'organiser le système fiscal.

Dans la Grèce antique, l'impôt était essentiellement foncier à Sparte, mais de nature indirecte à Athènes, même si on y relève des contributions sur le capital pour financer les guerres. Des prestations en nature ont été pratiquées également. Dans la longue évolution du système fiscal hellénique, sont ensuite apparus des droits d'enregistrement, des taxes indirectes prélevées sur les marchés, et la capitation.

Ces quelques exemples montrent que de longue date, le pouvoir a organisé un système de prélèvements plus ou moins sophistiqué, mais destiné tout à la fois à payer ses dépenses et à organiser la vie en société : cadastre foncier, recensement… Aux ressources fiscales s'ajoutaient enfin les revenus tirés du domaine ou des richesses des territoires et des populations conquis. Mais l'on voit apparaître ici un système basé sur des impôts directs et indirects, selon une classification qui aura traversé le temps.

On ne se risquera pas ici à indiquer une date à partir de laquelle la fiscalité du moyen-age a commencé à se construire. Néanmoins, par sa dimension financière, la chute de l'empire romain d'occident peut être vue comme un tournant historique. Le système budgétaire de Rome est fragile, les dépenses augmentent, les exemptions fiscales font peser la charge fiscale sur des paysans pauvres, au point que les difficultés fiscales et financières de l'empire le fragiliseront et sont considérées comme l'un des causes de sa chute.

On retiendra que, sur une longue période, la fiscalité s'est organisée autour des systèmes de pouvoirs politiques et religieux. Si l'on schématise, du moyen-age en France jusqu'en 1789, la fiscalité se divise en une fiscalité royale, une fiscalité d'Église, et une fiscalité seigneuriale. De manière générale, au cours de cette longue et riche période, le système fiscal a évolué, il a progressivement accompagné la montée du pouvoir royal, le monopole fiscal suivant le monopole militaire. De fait, la dépense commande la ressource. Cela n'empêcha pas la structure des systèmes fiscaux de présenter des déséquilibres, des exemptions notamment, qui révèlent que le pouvoir a voulu réduire, voire annuler, la contribution de certains pans de la population, dans l'intérêt de son propre développement.

Alors qu'en principe, le Roi de France doit « vivre du sien », autrement dit doit financer ses dépenses avec les revenus tirés de son domaine, la fiscalité royale se développe pour financer les guerres qui se succèdent. Avec le temps, l'impôt tend à devenir permanent. Philippe Auguste (fin du 12e et début du 13e siècle) lève la dîme saladine pour financer les croisades.

À la fin du 13e et au début du 14e siècle, après avoir imposé le clergé et joué des dévaluations pour faire face aux dettes de son royaume, Philippe le Bel restera comme celui qui a jeté les bases d'une fiscalité royale moderne. Afin de poursuivre la guerre contre les Flamands et maintenir le train de vie de l'État, il crée de nouveaux impôts, tel celui sur les ventes que le peuple surnomme le « *mal levé* » (une idée qui fondera la notion d'impôt illégitime). Pour élaborer ses décisions et faire passer ses réformes, le Roi s'appuie également sur un Conseil composé de personnes qu'il choisit dans la bourgeoisie en fonction de leurs compétences. À partir de 1302, il réunit à Notre-Dame des représentants du clergé, de la noblesse et des bourgeois, ce qui préfigure les *«États généraux»,* lesquels seront réunis plus tard, en 1614 et 1789. Il obtient ainsi leur acceptation et peut lever directement les impôts, sans passer par les seigneurs locaux. Il modernise aussi le système de collecte de l'impôt et de la gestion de la dépense en créant les « receveurs ».

L'appareil administratif et le système fiscal se centralisent, mais son successeur Louis X , pendant son court règne, doit tout de même concéder, dans des chartes, des droits fiscaux aux pouvoirs locaux. Ce modèle rappelle à certains égards ce qui s'est passé quelques temps plus tôt outre-manche avec la Grande Charte votée par les Anglais en 1215, lorsque Jean Sans Terre, cédant à la pression des barons d'Angleterre, s'engage à garantir les droits féodaux contre l'arbitraire royal et institue le contrôle de l'impôt par le Grand Conseil du Royaume, posant ainsi la question du consentement à l'impôt : *«aucun écuage ou aide ne sera établi dans notre royaume sans le consentement du commun conseil de notre royaume».*

Si l'impôt royal était destiné à financer les guerres, mais également le train de vie de l'État, donc du Roi, l'impôt reconnu comme officiellement permanent apparaît en France le 2 novembre 1439 avec l'ordonnance promulguée à Orléans par Charles VII. Elle est destinée à financer une armée royale permanente. En plusieurs siècles, le Royaume de France s'est accru, il fait face à de nouvelles frontières, à de nouvelles obligations. Le pouvoir royal s'est affirmé. Et Charles VII a besoin d'argent pour « bouter les anglais hors de France » et rétablir la sécurité intérieure face aux pillards.

Pour ce faire, il réunit les États généraux afin d'avoir le droit de lever « la taille » servant à l'achat et à l'entretien des armes. Mais, lassés d'être ainsi convoqués, les États généraux accordent le 2 novembre 1439 le droit à Charles VII de renouveler la taille tous les ans. C'est aussi une période durant laquelle l'organisation des finances publiques évolue : en 1439, Jacques Cœur, devenu Grand Argentier du royaume, sépare les ordonnateurs des comptables.

Sous le règne de François 1er, le besoin de ressources s'accroît pour financer les guerres mais aussi la Cour pléthorique du roi. Une caisse centrale des recettes est créée. L'immense majorité de la population est soumise à beaucoup d'impôts, dont la taille et la gabelle. Même le clergé doit verser de fortes sommes. Mais de nombreux privilégiés échappent aussi à l'impôt.

L'année 1614 est une étape importante. Le 27 octobre 1614, Marie de Médicis, veuve de Henri IV assassiné 4 ans plus tôt, se trouve face aux États généraux dans une période d'affaiblissement de la monarchie française, alors en crise. Les proches de la régente puisent dans le Trésor et le pouvoir est contesté par le prince de Condé. Lors de la réunion des États généraux, le conflit tourne à l'avantage de Marie de Médicis. Du 14e au 16e siècle, les États Généraux sont convoqués pour la création d'un nouvel impôt. À défaut d'un véritable consentement, cela suppose au moins une acceptation. Ils ne seront plus réunis avant 1789. En 1672, Louis XIV crée de nouveaux impôts pour financer la guerre de Hollande.

De manière générale, cette longue construction historique connaît de nombreux heurts. Le Moyen-Age est ponctué de révoltes fiscales. Au 14e siècle, le Languedoc se soulève et des représentants de l'autorité sont attaqués contre la pression fiscale. Des mouvements similaires ont lieu en Normandie à cette époque. Au 16e siècle, c'est le sud-ouest qui est en proie à des révoltes fiscales. En mars 1675, la population se soulève en Aquitaine et en Bretagne, c'est la révolte dite des bonnets rouges, brève mais durement réprimée.

Durant de longs siècles au cours desquels la fiscalité aura accompagné et favorisé l'évolution du pouvoir royal afin notamment d'assurer ses dépenses et son développement, les mécontentements sont profonds. Dans les faits, les nobles paient peu d'impôts, ils sont dispensés de la taille, tandis que l'immense majorité de la population paie de lourds impôts dont les plus connus sont la taille, la gabelle, la dîme (pour le clergé). Ce que l'on nomme aujourd'hui l'injustice fiscale est la règle, ce qui provoque périodiquement des révoltes fiscales et des jacqueries.

L'absolutisme royal, l'opacité financière, la montée d'une classe bourgeoise qui aspire à plus de reconnaissance et de participation à l'exercice du pouvoir, mais aussi l'influence grandissante des « Lumières » seront autant d'éléments qui provoqueront la révolution de 1789.

De la révolution au 19e et début du 20e siècle, la mise en place progressive et passionnée d'un système fiscal contemporain

La mise en œuvre de la fiscalité contemporaine est intimement liée à la constitution des États tels que nous les connaissons, avec une centralisation progressive des finances publiques. Le système fiscal contemporain est largement issu de la Révolution française et de l'Empire. Ceux-ci ont apporté des changements et, de facto, réorienté la politique en incluant la notion de « légitimité de la Nation ». L'arbitraire royal et son opacité sont combattus, moralement mais aussi socialement et politiquement. On observe un glissement de l'intérêt public, donc de l'État, vers l'intérêt général, celui de la société.

Le droit de consentir, librement, à l'impôt et de pouvoir en déterminer l'assiette et sa quotité sont acquis et portés dans la Déclaration des droits de l'homme et du citoyen le 26 août 1789 (articles 13, 14 et 15). L'impôt « révolutionnaire » idéal est, dès lors, celui assis sur le sol et sur la rente. Son établissement fait naître le cadastre, lequel après 50 ans, est un outil incontestable pour asseoir les revenus fonciers, mais qui s'effacera au regard de la révolution industrielle et de ses effets sur le système économique, et donc fiscal.

À la sortie de la Révolution, sont votées plusieurs contributions, l'une foncière sur les terrains, l'autre mobilière assise sur les rentes et les profits, et la patente qui taxe les bénéfices commerciaux. Naîtra quelques années plus tard, sous le Directoire, la fameuse taxe sur les portes et fenêtres qui impose les habitations sur la base des signes de richesse du moment. Ainsi naquit le système dit des « Quatre vieilles », système d'imposition directe, qui prévaudra jusqu'en 1917. Ce système reste malgré tout faible : vont donc s'y adosser, sous Napoléon Ier, des impôts indirects.

Napoléon considère l'efficacité d'un système fiscal sur sa rentabilité, sans qu'il soit trop ressenti. Il en va d'un retour des taxes sur la consommation (sel, tabac, boissons). À ceux-ci s'ajouteront la mise en œuvre de « droits » de timbre, de douane et d'enregistrement. L'Empire crée donc une fiscalité très indirecte qui assure un certaine protection du patrimoine et des profits. Cette période est marquée par la mise en place d'un administration puissante et efficace (création d'une « direction du recouvrement des impositions directes » en 1799, des inspecteurs généraux du Trésor en 1801 et de la Cour des comptes en 1807, des percepteurs en 1803....).

Le siècle qui suit connaîtra une fiscalité à l'image de la société, dominée par la bourgeoisie qui considère que seul l'impôt neutre est juste. La structure économique de cette période rend la taxation directe difficile à mettre en œuvre dans la mesure où l'État ne dispose plus des moyens nécessaires pour connaître les revenus des citoyens et pouvoir exercer un contrôle. Le système reste basé sur la taxation des signes extérieurs de richesse. La période est également marquée par l'essor de la pensée des libéraux qui recherchent une meilleure transparence des finances de l'État. Celle-ci est visible lors du vote du budget par la multiplication croissante du nombre de chapitres (c'est-à-dire des postes de dépenses que ce dernier comporte) qui passe de 7 à 933 entre 1814 et 1911.

Les débats autour de l'impôt sont à l'image des divisions de classes et reviennent en somme à « qui doit payer quoi ? ». La fin du 19e siècle voit son premier prélèvement à la source avec l'impôt sur le revenu des valeurs mobilières mis en place en 1872. Cet impôt, à l'assiette large, marque la rupture avec l'impôt indiciaire existant. Surtout, le débat fait rage à propos du projet d'impôt progressif sur le revenu, ardemment soutenu par Jean Jaurès au nom de la justice sociale, mais combattu par les conservateurs qui dénonce un impôt intrusif et anti-économique.

L'entrée dans le 20e siècle voit la naissance du premier impôt progressif, sur les successions, mis en œuvre en 1901. Le début du siècle est également marqué par une forte croissance de la richesse nationale, constituée par le prélèvement des impôts. Cette période connaît une relative accalmie dans le débat fiscal : en effet, les impôts sont socialement admis et économiquement rentables.

En 1914, après un long débat, l'entrée dans la guerre et le besoin de ressources engendrent l'apparition de nouveaux impôts, dont l'impôt général sur le revenu, impôt faible de l'ordre de 2 % pour les contribuables disposant des plus hauts revenus. C'est la fin des « quatre vieilles » qui cèdent la place à une imposition directe sur les revenus. La plongée dans l'économie de guerre et sa durée ont motivé une forte augmentation des taux d'imposition, singulièrement de l'impôt sur le revenu, qui en 1920 s'articule autour de taux moyens. Le taux marginal supérieur pour les plus hauts revenus passe ainsi de 2 à 50 % !

L'entre-deux-guerres est une période incertaine mais l'idéologie de la gauche, marquante, trouve un certain écho autour du principe de faire de l'impôt un outil de redistribution, de réduction des inégalités et de financement de nouveaux services pour toutes et tous. Cette idéologie est à son apogée au début du Front populaire.

Au-delà, la déclaration des revenus est pensée autour des garanties et des acquis qui se construisent dans la période avec la considération des charges de famille et la détermination d'un quotient familial fin 1945. Contesté à ses débuts puis accepté, il a vu ses effets plafonnés lors de la réforme de l'IR de 1981 puis réduits en 2013. « L'après » Seconde Guerre mondiale est plus apaisé voire assez désinhibé sur l'impôt et sa perception dans la mesure où l'impôt sur le revenu, qualifié d'intrusif par certains, est désormais déclaratif et non plus basé sur des indices. La taxe sur la valeur ajoutée (TVA) est créée en 1954 par un inspecteur des finances, Maurice Laurais, en remplacement d'une taxe sur la production. Elle a été progressivement généralisée à de nombreux pays depuis.

Avec l'arrivée de la gauche au pouvoir en 1981, est créé l'impôt sur les grandes fortunes (IGF), supprimé en 1986 lors de la première cohabitation par le Premier ministre Jacques Chirac. En 1989, après la réélection de François Mitterrand, le Premier ministre d'alors, Michel Rocard, instaure l'impôt de solidarité sur la fortune (ISF) présenté comme permettant de financer le revenu minimum d'insertion, pour appuyer sa légitimité. Il crée également la contribution sociale généralisée (CSG), affectée à la Sécurité sociale mais qui s'applique également aux revenus de patrimoines et de remplacement (les pensions de retraite).

Avec le temps, de nombreuses mesures dérogatoires, les fameuses « niches fiscales », ont été créées et le barème de l'impôt sur le revenu a été retouché à plusieurs reprises, de sorte que le système d'imposition à la française est devenu fort complexe. Au point de brouiller son idéal de transparence malgré une législation publique mais peu accessible, qui a conduit à un enchaînement de réformes cherchant à la rendre «plus juste» selon les termes des gouvernements successifs.

L'offensive libérale des années 70/80

Retour sur le néolibéralisme

Le néolibéralisme, qui prône la déréglementation, la réduction du rôle de l'État, la baisse des impôts et des dépenses publiques afin de faciliter la circulation des capitaux, sera-t-il balayé par la crise sanitaire de 2020 ? Rien n'est moins sûr, considérant aujourd'hui qu'il désigne moins le règne «des marchés», qu'une forme d'assujettissement des individus, incités à l'entrepreneuriat, à se faire concurrence, etc.

Le néolibéralisme est assez lisible en dépit de certains paradoxes : phobie de l'État et réaffirmation de son autorité ; retrait de la puissance publique et activisme « régulateur » de celle-ci. Minoritaire et marginal il y a encore peu, plate-forme planétaire de la pensée économique et politique, cette *« nouvelle raison du monde »*[175], ce néolibéralisme, n'est plus seulement une philosophie politique ou une idéologie bourgeoise, mais une technologie de gouvernement qui fait l'histoire du pouvoir. S'y adjoignent historiquement les analyses du libéralisme de Foucault, Locke, Bentham, Spencer (dont le darwinisme social représenterait une étape-charnière vers le néolibéralisme) et la littérature managériale contemporaine...

Le néolibéralisme n'est plus une simple « idéologie » du laisser-faire et du retrait de l'État, qu'elle soit dénoncée comme l'expression d'une domination de classe ou louée comme la seule garantie de la liberté. Non, le néolibéralisme constitue aussi une rationalité politique cohérente qui se présente comme apolitique et neutre et qui tend à structurer entièrement l'action des gouvernants et la conduite des gouvernés.

De la mise en place du libéralisme classique au 18e siècle à la « refondation intellectuelle » que constitue le néolibéralisme, ce dernier se révèle être une réponse méconnue en tant que telle à la crise du libéralisme que connut l'Europe durant l'entre-deux-guerres et ce, aux côtés du keynésianisme et du Welfare. L'alliance précoce de l'ordolibéralisme allemand et du néolibéralisme austro-américain est conclue lors du colloque Walter Lippmann, un rassemblement de 26 économistes et intellectuels libéraux organisé à Paris du 26 au 30 août 1938. S'il y fut discuté de la capacité du libéralisme à faire face aux problèmes de l'époque, c'est aussi une des premières fois où les participants s'interrogèrent pour savoir s'il convenait de conserver le mot «libéralisme» ou bien d'adopter celui de « néolibéralisme ». Ce colloque peut être considéré comme l'acte de naissance officiel du nouveau libéralisme, dénommé néolibéralisme.

Une nouvelle raison d'État apparu alors : concurrence et gouvernement entrepreneurial. Le néolibéralisme peut donc être considéré comme un fait social total. Le néolibéralisme se

[175] Pierre Dardot, Christian Laval, *La nouvelle raison du monde*, Éditions La Découverte, 2009.

décline en deux principales « visions » qui se distinguent peu par une différence de niveau, un libéralisme plus ou moins « social », plus ou moins « ultra », que par une différence d'accent. Alors que l'ordolibéralisme allemand insiste sur la régulation juridique et institutionnelle de la concurrence, le néolibéralisme austro-américain (Ludwig von Mises et Friedrich von Hayek) développe une théorie de l'action humaine et du marché comme «processus de formation de soi» susceptible de transformer l'homme en individu intéressé, rationnel et adaptatif.

Questionnons la construction européenne du néolibéralisme

Le paradoxe du dirigisme libéral européen (mise en concurrence forcée des économies nationales, lutte contre les monopoles, l'inflation ou les aides publiques) se dissipe : il s'agit d'une régulation faite non pour protéger des effets de la concurrence « libre et non faussée » mais pour préserver cette dernière et l'instituer là où elle n'existe pas. L'économie sociale de marché n'est plus un rempart contre la mondialisation, d'autant qu'elle signifiait le social par le marché, seul capable de réaliser une démocratie de consommation et la «prospérité pour tous». C'est d'ailleurs toute la social démocratie européenne actuelle qui n'a qu'un rapport ténu avec la social démocratie des Trente Glorieuses (politique keynésienne contracyclique, haut niveau de protection sociale, cogestion des entreprises avec les syndicats).

La révolution conservatrice des années 1980 aux États-Unis comme en Europe, en alliant libéralisation et autoritarisme, ne marqua pas le retrait de l'État, mais un engagement sur de nouvelles bases et avec de nouveaux objectifs. La crise du capitalisme fordiste a cela de singulier qu'elle aboutit non pas à « moins », mais à « plus » de capitalisme. Le caractère stratégique de cette réponse néolibérale est une forme de rationalité au nom de l'efficacité de l'action publique. la prégnance du modèle néo-classique de l'équilibre général dans la définition des politiques publiques et la formation des élites dirigeantes : c'est aussi elle qui définit la croyance économique, pour reprendre l'expression de Frédéric Lebaron [176]. Cette nouvelle rationalité bureaucratique, axée sur la concurrence généralisée et l'universalisation du modèle entrepreneurial, est le ciment de toute une série de politiques. Ainsi, au sortir de la crise de 2007-2008, les recapitalisations massives des banques par les États relevaient moins des nationalisations que d'un comportement d'État « prêteur en dernier ressort » chargé de garantir la sûreté du système, voire d'État « boursicoteur » achetant les titres à bas prix en vue d'un profit ultérieur.

Cet État managérial et stratège, en adoptant et en intégrant les règles et normes du marché concurrentiel, conduit moins à une privatisation de l'État qu'à une gestion commune, « public/privé », des politiques macro-économiques, avec comme mots d'ordre la « modernisation de l'État », la « rationalisation des choix budgétaires », la « révision générale des politiques publiques » ou la « modernisation de l'action publique ». L'État n'est alors plus seulement un instrument politique au service de la domination économique de la bourgeoisie ; il est devenu une « entreprise au service des entreprises ».

Mais les mouvements récents, la crise des institutions, les crises de 2007-2008 et de 2020, les défis sociaux, environnementaux et économiques sont autant d'éléments qui appellent à repenser l'action publique.

[176] Frédéric Lebaron, *La croyance économique ; Les économistes entre science et politique*. Éditions Seuil, 2000.

Bibliographie

Ouvrages

Anthony B Atkinson, *Inégalités*, Éditions du Seuil, 2016

Christophe Ramaux, *L'État social*, Éditions Mille et une nuits, 2012

Renaud Denoix de Saint Marc, *L'État*, PUF, collection Que sais-je ?, 8e édition, 2017

Gilles Jeannot et Olivier Coutard, *Revenir au service public ?*, La Documentation française, collection Doc en poche, 2015.

Éloi Laurent, *Le bel avenir de l'État providence*, Éditions Les Liens qui Libèrent, 2014.

Facundo Alvaredo, Thomas Piketty, Gabriel Zucman, Emmanuel Saez (coordination), *Rapport sur les inégalités mondiales,* Éditions Seuil, 2018.

Jean Bouinot, *La nouvelle gestion municipale, comptabilité et management d'une commune*, Éditions Cujas, 1977

Jacques Couarieu, *La gestion financière de votre commune,* Éditions du Moniteur, 1977.

Thierry Godefroy et Pierre Lascoumes, *Le capitalisme clandestin*, Éditions La Découverte, 2004.

Attac, *Toujours plus pour les riches*, Éditions Les Liens qui Libèrent, 2018.

Alain et Eric Bocquet, *Sans domicile fisc*, Éditions du Cherche Midi, 2016.

Lionel Jospin, *Un temps troublé*, Éditions du Seuil, 2020.

Syndicat national unifié des impôts, *Pour un serpent fiscal européen*, Éditions Syllepse, 2005.

Ivar Ekeland et Jean-Charles Rochet, *Il faut taxer la spéculation financière*, Éditions Odile Jacob, 2020.

Edwin Zaccaï et Tom Bauler, *Environnement et inégalités sociales*, Éditions Université de Bruxelles, 2007.
Thomas Piketty, Emmanuel Saez, Camille Landais, *Pour une révolution fiscale*, Édition du Seuil, 2011.
Catherine Larrère, *Les inégalités environnementales*, Éditions PUF, la Vie des idées, 2017.
Christophe Guilluy, *La France périphérique*, Éditions Flammarion, 2014.
Patrick Artus et Olivier Pastré dans leur ouvrage *L'économie post-Covid,* Éditions Fayard, 2020.
Guillaume Allègre et Philippe Van Parijis, *Pour ou contre le revenu universel ?* Éditions PUF, collection La vie des idées, 2018.
Fondation Copernic, *Vers une société plus juste, manifeste pour un plafonnement des revenus et des patrimoines*, Éditions Les Liens qui Libèrent, 2019.
Les Économistes atterrés-Fondation Copernic, *Faut-il un revenu universel ?*, Éditions de l'Atelier, 2017.
Pierre Dardot, Christian Laval, *La nouvelle raison du mond*e, Éditions La Découverte, 2009.
André Neurisse, *2000 ans d'impôts*, Éditions Sides, 1994.

Rapports et travaux officiels

Observatoire des finances et de la gestion publique locales, *Les finances des collectivités locales en 2020,* juillet 2020.
Conseil des prélèvements obligatoires, *La fiscalité environnementale au défi de l'urgence climatique,* septembre 2019.
OCDE, *Regard sur l'éducation 2019*, Les indicateurs de l'OCDE.
Inspection générale des finances, Sécurisation du recouvrement de la TVA, novembre 2019.
DREES, *minima sociaux et prestations sociale*s, édition 2019.
Rapport d'information au nom de la commission des Finances, du contrôle budgétaire et des comptes économiques de la Nation du Sénat sur *la concurrence fiscale en Europe*, juillet 1999.
Béatrice Boutchenik, *La taxe sur la valeur ajoutée. Les effets redistributifs de la taxe sur la valeur ajoutée*, Conseil des prélèvements obligatoires, rapport particulier n° 2, avril 2015

France Stratégie, *Évaluation du Crédit d'impôt pour la compétitivité et l'emploi, synthèse des travaux d'approfondissement,* septembre 2020.
France stratégie, Comité d'évaluation des réformes de la fiscalité du capital, *Quelle taxation du capital avant et après la réforme de 2018 ?*, octobre 2019
France stratégie, Comité d'évaluation des réformes de la fiscalité du capital, deuxième rapport, octobre 2020.
Rapport de la Cour des comptes, *Sécurité sociale, rapport sur l'application des lois de financement de la sécurité sociale*, septembre 2014.
Rapport de la Cour des comptes, *La fraude aux prélèvements obligatoires*, 2 décembre 2019.
Rapport d'information de la mission d'évaluation et de contrôle de la sécurité sociale de la Commission des affaires sociales du Sénat sur *l'objectif national de dépenses d'assurance maladie*, 9 octobre 2019.
Rapport de la Cour des comptes, *la DGFiP dix ans après la fusion*, juin 2018.
Rapport de la Commission des affaires européennes de l'Assemblée nationale sur *l'espace fiscal européen*, juillet 2020
Rapport du Sénat, *L'efficience des dépenses fiscales relatives au développement durable*, novembre 2016
Communication de la Cour des comptes à la Commission des finances de l'Assemblée nationale, *L'évolution et les conditions de maîtrise du crédit d'impôt recherche*, juillet 2013.
Commission nationale d'évaluation des politiques d'évaluation, *L'impact du crédit d'impôt recherche*, rapport de France stratégie de mars 2019.
Communication de la Cour des comptes à la Commission des finances de l'Assemblée nationale, *Le soutien public au mécénat des entreprises, un dispositif à mieux encadrer,* novembre 2018.
Rapport d'information du Sénat *au nom de la mission d'information, Quel rôle, quelle place, quelles compétences des départements dans les régions fusionnées aujourd'hui et demain ?, s*eptembre 2020.
Rapport de la Cour des comptes, *Les finances locales en 2014*, octobre 2014.

Rapport de la Cour des comptes, *Concours financiers de l'État et disparités de dépenses des communes et de leurs groupements*, novembre 2016.
Rapport de la Cour des comptes, *Finances publiques, pour une réforme du cadre organique et de la gouvernance*, novembre 2020.
Rapport, *Lutte contre l'évasion fiscale et la fraude en matière d'impositions de toutes natures et de cotisations sociales*, Document de politique transversale annexé au projet de loi de finances 2021.
Rapport d'information de l'Assemblée nationale du 28 mars 2019 sur *l'évaluation de la lutte contre la délinquance financière.*
Rapport d'information du Sénat du 22 juillet 2020 sur *les moyens du contrôle fiscal* et rapport de la Cour des comptes du 2 décembre 2019 sur la fraude aux prélèvements obligatoires.
Comité de suivi des aides publiques aux entreprises et engagements, *Les exonérations générales de cotisations*, France Stratégie, juillet 2017.
Rapport du comité action publique 2022, *Service public, se réinventer pour mieux servir.*

Sites internet

Organisation de coopération et de développement économiques : oecd.org
Cour des comptes : ccomptes.fr
Inspection générale des finances : igf.finances.gouv.fr
Institut national de la statistique et des études économiques : insee.fr
Performance publique : budget.gouv.fr
Assemblée nationale : assemblee-nationale.fr
Sénat : senat.fr
Défenseur des Droits : defenseurdesdroits.fr
Fonds monétaire intenational : imf.org
Commission européenne : ec.europa.eu
Association pour la fondation internationale de finances publiques : fondafip.org
Fipeco : fipeco.fr

Centre pour la recherche économique et ses applications : cepremap.fr
Les Économistes atterrés : atterres.org
Solidaires Finances Publiques : solidairesfinancespubliques.org
ICRICT Independent Commission for the Reform of International Corporate Taxation :icrict.com
Conseil d'analyse économique : cae-eco.fr
France Stratégie : strategie.gouv.fr
Centre d'études prospectives et d'informations internationales : cepii.fr
Association pour la taxation des transactions financières et pour l'action citoyenne : france-attac.org
Plate-forme Paradis fiscaux et judiciaires : stopparadisfiscaux.fr

Table des matières

Structures éditoriales du groupe L'Harmattan

L'Harmattan Italie
Via degli Artisti, 15
10124 Torino
harmattan.italia@gmail.com

L'Harmattan Hongrie
Kossuth l. u. 14-16.
1053 Budapest
harmattan@harmattan.hu

L'Harmattan Sénégal
10 VDN en face Mermoz
BP 45034 Dakar-Fann
senharmattan@gmail.com

L'Harmattan Cameroun
TSINGA/FECAFOOT
BP 11486 Yaoundé
inkoukam@gmail.com

L'Harmattan Burkina Faso
Achille Somé – tengnule@hotmail.fr

L'Harmattan Guinée
Almamya, rue KA 028 OKB Agency
BP 3470 Conakry
harmattanguinee@yahoo.fr

L'Harmattan RDC
185, avenue Nyangwe
Commune de Lingwala – Kinshasa
matangilamusadila@yahoo.fr

L'Harmattan Congo
67, boulevard Denis-Sassou-N'Guesso
BP 2874 Brazzaville
harmattan.congo@yahoo.fr

L'Harmattan Mali
ACI 2000 - Immeuble Mgr Jean Marie Cisse
Bureau 10
BP 145 Bamako-Mali
mali@harmattan.fr

L'Harmattan Togo
Djidjole – Lomé
Maison Amela
face EPP BATOME
ddamela@aol.com

L'Harmattan Côte d'Ivoire
Résidence Karl – Cité des Arts
Abidjan-Cocody
03 BP 1588 Abidjan
espace_harmattan.ci@hotmail.fr

Nos librairies en France

Librairie internationale
16, rue des Écoles
75005 Paris
librairie.internationale@harmattan.fr
01 40 46 79 11
www.librairieharmattan.com

Librairie des savoirs
21, rue des Écoles
75005 Paris
librairie.sh@harmattan.fr
01 46 34 13 71
www.librairieharmattansh.com

Librairie Le Lucernaire
53, rue Notre-Dame-des-Champs
75006 Paris
librairie@lucernaire.fr
01 42 22 67 13

www.ingramcontent.com/pod-product-compliance
Lightning Source LLC
LaVergne TN
LVHW010930061026
849535LV00007B/2326
* 9 7 8 2 3 4 3 2 1 8 4 5 8 *